중국어

초급
STEP 1

파고다교육그룹 언어교육연구소 | 장위안 저

PAGODA Books

이 까 잣 중국어 초급 STEP 1

초판 1쇄 인쇄 2015년 12월 20일
초판 3쇄 발행 2019년 12월 11일

지 은 이 | 파고다교육그룹 언어교육연구소, 장위안
펴 낸 이 | 고루다
펴 낸 곳 | Wit&Wisdom 도서출판 위트앤위즈덤
임프린트 | PAGODA Books
출판등록 | 2005년 5월 27일 제 300-2005-90호
주　　소 | 서울시 서초구 서초동 1306-6, 7 파고다타워 19층 137-855
전　　화 | (02) 6940-4070
팩　　스 | (02) 536-0660
홈페이지 | www.pagodabook.com

저작권자 | ⓒ 2016 파고다아카데미

ISBN 978-89-6281-699-0 (14720)

도서출판 위트앤위즈덤　www.pagodabook.com
파고다 어학원　www.pagoda21.com
파고다 인강　www.pagodastar.com
테스트 클리닉　www.testclinic.com

PAGODA Books는 도서출판 Wit&Wisdom의 성인 어학 전문 임프린트입니다.
낙장 및 파본은 구매처에서 교환해 드립니다.

이까짓 중국어는…

- 철저한 말하기 중심의 교재!
- 어떤 교재에서도 볼 수 없었던 획기적인 구성!
- 일상 생활에서 바로 쓸 수 있는 생생한 회화 표현!

시시각각 빠르게 변화하는 세계 속에서 중국은 이제 더 이상 지리적으로만 가까운 나라가 아닌 정치, 경제, 사회, 문화 등 모든 분야에서 우리와는 더욱 긴밀한 관계의 나라가 되었습니다. 중국을 보다 정확히 이해하기 위해서는 그들과의 커뮤니케이션이 가장 중요하기 때문에 최근 중국어를 배우고자 하는 사람들이 점점 많아지고 있습니다. 하지만 막상 중국어를 배우려고 하면 한자, 성조 등 여러 가지 부담 요소가 있기 때문에 선뜻 중국어 공부를 시작하기 꺼려하는 분들도 많을 것입니다. 이까짓 중국어 시리즈는 다년간 중국어 교육에 종사해온 전문가들이 학습자들의 이런 부담은 최소화 하고 흥미와 재미는 더욱 높여 누구라도 쉽고 재미있게 중국어를 배울 수 있게 만든 철저한 말하기 중심의 교재입니다. 이까짓 중국어 시리즈는 교과서적인 딱딱한 표현에서 벗어나 매 과마다 재미있는 상황극을 통해 실제 상황에서 바로 사용할 수 있는 자연스러운 회화 표현들을 배울 수 있게 구성하였습니다. 또한 어려운 문법용어를 최대한 배제하여 누구라도 쉽게 이해할 수 있도록 하였고, 쓰기 보다는 말하기 위주의 연습을 통해 단 시간 안에 귀가 뻥 뚫리고 입이 탁 트일 수 있게 만들었습니다.

음식도 한꺼번에 너무 많이 먹으면 체하는 것처럼 중국어 공부도 처음에 너무 욕심을 내면 일정 수준에 오르기 전에 지칠 수 있습니다. 그러나 이까짓 중국어쯤이야! 하는 가벼운 마음으로 부담 없이 공부하면 어느새 중국어의 매력에 빠져들 것이고, 어느 순간 자신도 모르게 중국인과 농담을 주고 받으며 웃고 있는 모습을 발견할 수 있게 될 것입니다. 또한 파고다 스타에서 제공하는 동영상 강좌를 함께 보면서 학습한다면 중국어 학습의 흥미와 효과는 배가 될 것입니다.

자, 이제 여러분도 이까짓 중국어와 함께 생동감 넘치고 통통 튀는 중국어 세계에 푹 빠져보세요!

마지막으로 이 책이 출판되기까지 물심양면으로 도와주신 모든 분들께 감사의 말씀을 전하며, 특히 항상 애정과 관심으로 지원해 주시는 파고다교육그룹 박경실 회장님께 고개 숙여 감사드립니다.

2016. 01
파고다교육그룹 언어교육연구소 저자진 일동

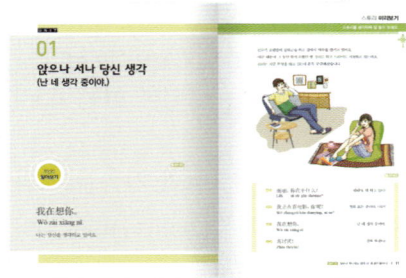

포인트 알아보기

핵심 포인트로 워밍업!

본격적인 회화 학습에 앞서 각 과에서 꼭 알아야 하는 핵심 포인트가 무엇인지 파악할 수 있어요.

스토리 미리보기

상황별 생생한 회화 익히기!

일상 생활에서 일어날 수 있는 다양한 소재로 구성한 재미있고 생동감 넘치는 회화를 만날 수 있어요.
병음과 우리말을 보면서 잘 들어 보세요.

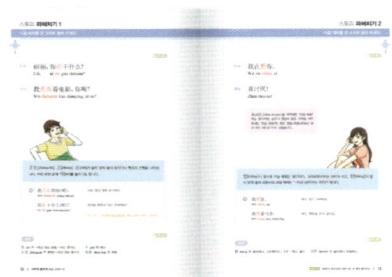

스토리 파헤치기 1, 2

회화와 문법을 동시에!

회화 내용을 부담 없이 연습할 수 있도록 단락을 나누어 구성했어요. 먼저 오늘의 새로운 단어를 듣고 따라 읽은 후, 본문을 큰소리로 읽어 보세요. 본문을 학습하면서 그날 학습할 문법 내용을 바로 바로 알 수 있도록 쉬운 예문과 함께 정리했어요. '회화와 문법' 두 마리 토끼를 동시에 잡아 보세요.

문장 바꿔보기

패턴연습을 통한 중국어 회화 자신감 충전!

활용 문장을 학습하기 전에 중국어 표현을 다양하게 연습할 수 있는 코너예요.
활용 문장 이외에 실제 회화에서 자주 사용하는 단어로 교체 연습하며 세련된 표현까지 익힐 수 있는 절호의 찬스!
다양한 표현들을 큰소리로 연습해 보세요.

문장 활용하기

활용 문장을 통해 표현을 좀 더 풍성하게!

그날의 학습 포인트가 포함된 좀 더 다양한 내용의 중국어를 학습할 수 있어요.
이미 문장 바꿔보기에서 연습한 문장들이니 유창하게 읽으면서 내 것으로 만들어 보세요.

플러스 팁!

어휘 실력 업그레이드!

그날 배운 내용과 연관된 단어들을 좀 더 확충해서 연습할 수 있도록 구성했어요. 다양한 어휘학습을 통해 중국어 실력을 한층 더 업그레이드 해줘요.

내 것으로 만들기1

듣기 실력 쑥쑥! 상황별 회화 훈련!

다양한 듣기 연습을 통해 자신의 실력을 다시 한 번 점검할 수 있어요. 또한 제시된 그림과 우리말을 보고 상황에 맞게 중국어로 말하며, 실전에 가까운 중국어 실력을 쌓을 수 있어요.

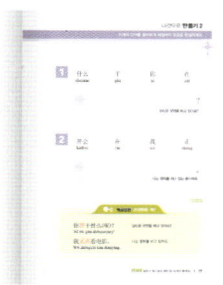

내 것으로 만들기2

쓰기를 통해 마무리!

그날 학습한 내용을 다시 한 번 쓰기를 통해 마무리하는 단계에요. 중국어의 어순에 맞게 천천히 잘 써 보세요.

핵심표현 이것만은 꼭

이것만은 알고 넘어가자!

각 과에서 꼭 알아야 할 표현들을 다시 한 번 정리했어요. 여기에 나온 표현들은 꼭 알고 다음 과로 넘어갈 수 있도록 해요.

중국문화 산책하기

중국어에 재미를 두 배로!

매 5과마다 다양한 중국문화를 소개해 중국어에 재미를 두 배로 느낄 수 있을 뿐만 아니라, 앞에서 배운 단어를 완벽하게 마스터할 수 있도록 다양한 학습 요소를 담았어요.

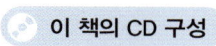 이 책의 CD 구성   교재 MP3    단어 MP3   본문 MP3   문법설명 MP3

金民秀 Jīn Mínxiù
김민수

사회생활을 막 시작한
20대 한국인 청년
리리를 좋아함

金民熙 Jīn Mínxī
김민희

민수의 여동생

丽丽 Lìli
리리

한국에 어학연수를 온
중국인 여학생

白代理 Bái dàilǐ
백대리

민수의 상사

金英哲 Jīn Yīngzhé
김영철

민수의 아버지

李科长 Lǐ kēzhǎng
이과장

민수와 협업하는
부서의 과장

吴美子 Wú Měizǐ
오미자

민수의 어머니

초급 **STEP 1**

01

앉으나 서나 당신 생각
(난 네 생각 중이야.)

포인트
알아보기

01-01

我在想你。
Wǒ zài xiǎng nǐ.

나는 당신을 생각하고 있어요.

민수가 오랜만에 칼퇴근을 하고 집에서 여유를 즐기고 있어요.
야근 때문에 그 동안 하지 못했던 방 정리도 하고 드라마도 시청하고 있는데요,
리리는 지금 무엇을 하고 있는지 문득 궁금해졌습니다.

01-02

민수	丽丽, 你在干什么? Lìli,　nǐ zài gàn shénme?	리리야, 뭐 하고 있니?
리리	我正在看电影, 你呢? Wǒ zhèngzài kàn diànyǐng, nǐ ne?	영화 보는 중이야, 너는?
민수	我在想你。 Wǒ zài xiǎng nǐ.	난 네 생각 중이야.
리리	真讨厌! Zhēn tǎoyàn!	진짜 짜증나!

다음 대화를 큰 소리로 읽어 보세요.

🎧 01-04

민수   丽丽，你在干什么？
　　　Lìli,　nǐ zài gàn shénme?

리리   我正在看电影，你呢？
　　　Wǒ zhèngzài kàn diànyǐng, nǐ ne?

正在[zhèngzài], 正[zhèng], 在[zài]가 술어 앞에 놓여 동작이나 행위의 진행을 나타냅니다. 이때 문장 끝에 呢[ne]를 붙이기도 합니다.

예   我正在想你(呢)。　　　나는 당신 생각 중이에요.
　　　Wǒ zhèngzài xiǎng nǐ(ne).

　　　你在干什么(呢)？　　　당신은 무엇을 하고 있는 중이에요?
　　　Nǐ zài gàn shénme(ne)?

　　　* 여기서 干 대신에 做[zuò]를 써도 같은 의미가 됩니다.

단어   🎧 01-03

在 zài 부 ~하고 있다. 마침 ~하는 중이다 ｜ 干 gàn 동 하다
正在 zhèngzài 부 (한창) ~하고 있는 중이다 ｜ 电影 diànyǐng 명 영화

민수 我在想你。

Wǒ zài xiǎng nǐ.

리리 真讨厌!

Zhēn tǎoyàn!

真讨厌![zhēn tǎoyàn!]을 직역하면, '정말 미워!' 라는 뜻이지만, 친구나 연인과 같은 가까운 사이에서는 '정말 짓궂어!', 혹은 '정말 짜증나!'라는 애교 섞인 의미로 자주 사용됩니다.

想[xiǎng]이 동사로 쓰일 때에는 '생각하다, 그리워하다'라는 의미가 되고, 想[xiǎng]이 동사 앞에 놓여 조동사로 쓰일 때에는 '〜하고 싶다'라는 의미가 됩니다.

예 我想家。 나는 집이 그리워요.
Wǒ xiǎng jiā.

我想看电影。 나는 영화를 보고 싶어요.
Wǒ xiǎng kàn diànyǐng.

단어

想 xiǎng 동 생각하다, 그리워하다 / 조동 〜하고 싶다 | 讨厌 tǎoyàn 동 싫어하다, 미워하다

문장 **바꿔보기**

🔊 01-08

1 你在干什么?
Nǐ zài gàn shénme?

당신은 무엇을 하고 있어요?

吃
chī

당신은 무엇을 먹고 있어요?

看
kàn

당신은 무엇을 보고 있어요?

喝
hē

당신은 무엇을 마시고 있어요?

2 我正在看电影。
Wǒ zhèngzài kàn diànyǐng.

나는 영화를 보고 있어요.

吃饭
chī fàn

나는 밥을 먹고 있어요.

看报
kàn bào

나는 신문을 보고 있어요.

喝饮料
hē yǐnliào

나는 음료수를 마시고 있어요.

🔊 01-07

단어

饮料 yǐnliào 명 음료수

🔊 01-09

1

A 你在干什么?
Nǐ zài gàn shénme?

당신은 무엇을 하고 있어요?

B 我正在开会。
Wǒ zhèngzài kāi huì.

나는 회의를 하고 있어요.

2

A 你在看什么?
Nǐ zài kàn shénme?

당신은 무엇을 보고 있어요?

B 我正在看报。
Wǒ zhèngzài kàn bào.

나는 신문을 보고 있어요.

🔊 01-10

PLUS TIP + 자주 사용하는 동작 표현에는 어떤 것이 있을까요?

- 玩(儿)游戏 게임을 하다
  wán(r) yóuxì

- 睡觉 잠을 자다
  shuì jiào

- 爬山 등산을 하다
  pá shān

- 打电话 전화를 하다
  dǎ diànhuà

내것으로 **만들기 1**

 녹음을 듣고 녹음 내용과 일치하는 그림을 고르세요. 🎧 01-11

A  **B**

C  **D**

① _____ ② _____ ③ _____ ④ _____

◈ 다음 보기를 참고하여 중국어로 대답해 보세요.

你在干什么?
Nǐ zài gàn shénme?
당신은 무엇을 하고 있어요?

我正在 _____ 。
Wǒ zhèngzài _____.

 运动[yùndòng]
나는 운동 중이에요.

 上课[shàng kè]
나는 수업 중이에요.

 开车[kāi chē]
나는 운전 중이에요.

1

什么	干	你	在
shénme	gàn	nǐ	zài

➡

?

당신은 무엇을 하고 있어요?

2

喝	正在	我	饮料
hē	zhèngzài	wǒ	yǐnliào

➡

。

나는 음료수를 마시고 있는 중이에요.

 01-12

핵심표현 *이것만은 꼭!*

你在干什么(呢)？　　　당신은 무엇을 하고 있어요?
Nǐ zài gàn shénme(ne)?

我正在看电影。　　　나는 영화를 보고 있어요.
Wǒ zhèngzài kàn diànyǐng.

02

사랑보단 일이 먼저
(보고서 준비하고 있어.)

포인트
알아보기

🔊 02-01

我准备报告呢。

Wǒ zhǔnbèi bàogào ne.

나는 보고서를 준비 중이에요.

오늘은 모처럼 리리가 민수에게 데이트 신청을 하려고 하는데요,
내일 있을 신입사원 평가 PT 때문에 민수는 리리와의 데이트를 거절할 수밖에 없네요.
리리는 그런 민수를 힘껏 응원하려고 합니다.

02-02

| 리리 | 我们去明洞逛街吧! | 우리 명동에 쇼핑하러 가자! |
| | Wǒmen qù Míngdòng guàng jiē ba! | |

| 민수 | 不好意思, 我很忙… | 미안한데, 내가 바빠서… |
| | Bù hǎo yìsi, wǒ hěn máng… | |

| 리리 | 你干什么呢? | 뭐하고 있는데? |
| | Nǐ gàn shénme ne? | |

| 민수 | 我准备报告呢。 | 보고서 준비하고 있어. |
| | Wǒ zhǔnbèi bàogào ne. | |

| 리리 | 你真辛苦啊! 加油! | 정말 고생이 많네! 힘내! |
| | Nǐ zhēn xīnkǔ a! Jiāyóu! | |

다음 대화를 큰 소리로 읽어 보세요.

02-04

리리 我们去明洞逛街吧!
Wǒmen qù Míngdòng guàng jiē ba.

민수 不好意思，我很忙…
Bù hǎo yìsi,　wǒ hěn máng…

한 문장에서 동일한 주어 아래 두 개 이상의 동사가 연이어 나오는 문장을 '연동문'이라고 합니다. 이때 동사의 순서는 동작이 발생하는 순서대로 배열합니다.

예 我去书店买书。　　　　　나는 책을 사러 서점에 가요.
Wǒ qù shūdiàn mǎi shū.

爸爸每天骑自行车上班。　아버지는 매일 자전거를 타고 출근을 해요.
Bàba měitiān qí zìxíngchē shàng bān.

我们用筷子吃饭。　　　　우리는 젓가락으로 밥을 먹어요.
Wǒmen yòng kuàizi chī fàn.

＊每天[měitiān] 매일　＊筷子[kuàizi] 젓가락

02-03

단어

明洞 Míngdòng 고유 명동　　　　　　逛 guàng 통 거닐다, 돌아다니다, 구경하다
逛街 guàng jiē 통 윈도우쇼핑을 하다, 거리 구경을 하다

02-06

리리　你干什么呢?
　　　Nǐ gàn shénme ne?

민수　我准备报告呢。
　　　Wǒ zhǔnbèi bàogào ne.

리리　你真辛苦啊! 加油!
　　　Nǐ zhēn xīnkǔ a!　Jiāyóu!

正在[zhèngzài], 正[zhèng] 등을 생략하고, 문장 맨 끝에 呢[ne]만 단독으로 사용하여 동작의 진행을 나타낼 수도 있습니다.

예　我喝咖啡呢。　　　　　나는 커피를 마시고 있어요.
　　Wǒ hē kāfēi ne.

　　我学习汉语呢。　　　　나는 중국어를 공부하고 있어요.
　　Wǒ xuéxí Hànyǔ ne.

02-05

단어

准备 zhǔnbèi 동 준비하다 ｜ 报告 bàogào 명 보고서 / 동 보고하다 ｜ 辛苦 xīnkǔ 형 고생스럽다, 수고롭다
加油 jiāyóu 동 힘을 내다, 기운을 내다

加油[jiāyóu]는 직역하면, '기름을 넣다'라는 의미로 쓰이지만, 상대방에게 응원할 때 '화이팅!'의 의미로 자주 사용됩니다.

문장 **바꿔보기**

주어진 문형을 이용하여 다양한 표현을 만들어보세요.

02-08

1 你干什么呢?
Nǐ gàn shénme ne?

당신은 무엇을 하고 있어요?

读
dú

당신은 무엇을 읽고 있어요?

准备
zhǔnbèi

당신은 무엇을 준비하고 있어요?

学习
xuéxí

당신은 무엇을 공부하고 있어요?

2 我(在)打篮球呢。
Wǒ (zài) dǎ lánqiú ne.

나는 농구를 하고 있어요.

读小说
dú xiǎoshuō

나는 소설을 읽고 있어요.

准备吃饭
zhǔnbèi chī fàn

나는 식사 준비를 하고 있어요.

学习汉语
xuéxí Hànyǔ

나는 중국어를 공부하고 있어요.

02-07

단어

读 dú 동 읽다 | 打篮球 dǎ lánqiú 동 농구를 하다 | 小说 xiǎoshuō 명 소설

02-10

A

你干什么呢?

Nǐ gàn shénme ne?

당신은 무엇을 하고 있어요?

B

我(在)打篮球呢。

Wǒ (zài) dǎ lánqiú ne.

나는 농구를 하고 있어요.

A

你读什么呢?

Nǐ dú shénme ne?

당신은 무엇을 읽고 있어요?

B

我(在)读《哈利波特》呢。

Wǒ (zài) dú《Hālìbōtè》ne.

나는 해리포터를 읽고 있어요.

02-09

단어

哈利波特 Hālìbōtè 고유 해리포터

내것으로 **만들기 1**

그림과 보기를 참고하여 연습문제를 풀어보세요.

◆ 녹음을 듣고 녹음 내용과 일치하는 그림을 고르세요.

02-11

A

B

C

D

① _____ **②** _____ **③** _____ **④** _____

◆ 다음 보기를 참고하여 중국어로 대답해 보세요.

你干什么呢?
Nǐ gàn shénme ne?
당신은 무엇을 하고 있어요?

我(在) _____ 呢。
Wǒ (zài) _____ ne.

1 打篮球[dǎ lánqiú]
나는 농구를 하고 있어요.

2 学习汉语[xuéxí Hànyǔ]
나는 중국어를 공부하고 있어요.

3 读小说[dú xiǎoshuō]
나는 소설을 읽고 있어요.

아래의 단어를 올바르게 배열하여 문장을 완성하세요.

1

吧	明洞	逛街	去	我们
ba	Míngdòng	guàng jiē	qù	wǒmen

➡

。

우리 쇼핑하러 명동에 가자.

2

篮球	呢	我	打
lánqiú	ne	wǒ	dǎ

➡

。

나는 농구를 하고 있어요.

🔊 02-12

 | **핵심표현 이것만은 꼭!**

你干什么呢?　　　　당신은 무엇을 하고 있어요?
Nǐ gàn shénme ne?

我准备报告呢。　　　나는 보고서를 준비하고 있어요.
Wǒ zhǔnbèi bàogào ne.

03

내가 솔로인 이유
(제 생각에는 안 예쁜데요.)

03-01

포인트
알아보기

我觉得她很不错。
Wǒ juéde tā hěn bú cuò.

제 생각에는 그녀가 괜찮은 것 같아요.

결혼 적령기에 들어선 백대리.
결혼중매 업체의 담당 커플매니저가 다양한 스타일의 상대 사진을 백대리에게
보여주고 있습니다. 이미 회사 내에서 눈 높고 까다롭기로 소문난 백대리의 반응이
예상대로 영 시원치가 않네요. 백대리님! 결혼할 생각은 있으신 거죠?

🎧 03-02

커플매니저	我觉得她很不错，您呢？
	Wǒ juéde tā hěn bú cuò, nín ne?
	제 생각에는 이 여자가 괜찮은 거 같은데, 고객님은요?

| 백대리 | 我觉得她很胖。 | 제 생각에는 뚱뚱한 것 같아요. |
| | Wǒ juéde tā hěn pàng. | |

| 커플매니저 | 那么，这个人呢？ | 그러면, 이 사람은요? |
| | Nàme, zhè ge rén ne? | |

| 백대리 | 我觉得她不好看。 | 제 생각에는 예쁘지 않은 것 같아요. |
| | Wǒ juéde tā bù hǎo kàn. | |

🎧 03-04

커플매니저　我觉得她很不错，您呢？
Wǒ juéde tā hěn bú cuò, nín ne?

백대리　我觉得她很胖。
Wǒ juéde tā hěn pàng.

觉得[juéde]는 '〜라고 느끼다, 생각하다'라는 의미인데, 我觉得〜라는 형태로 쓰여 보통 자신의 주관적인 생각이나 의견을 표현합니다.

예　我觉得她很胖。　　제 생각에는 그녀는 뚱뚱한 것 같아요.
Wǒ juéde tā hěn pàng.

我觉得很好。　　제 생각에는 아주 좋은 것 같아요.
Wǒ juéde hěn hǎo.

🎧 03-03

단어

觉得 juéde 통 〜라고 여기다, 〜라고 느끼다 ｜ 胖 pàng 형 뚱뚱하다

🔊 03-06

커플매니저
> 那么，这个人呢?
> Nàme, zhè ge rén ne?

백대리
> 我觉得她不好看。
> Wǒ juéde tā bù hǎo kàn.

지시대명사(这/那) 뒤에 명사가 올 경우 일반적으로 중간에 양사를 넣어 '**지시대명사 + 양사 + 명사**' 순으로 배열하면 됩니다.

예
> 那个人
> Nà ge rén
그 사람

> 这件衣服
> Zhè jiàn yīfu
이 옷

🔊 03-05

단어

那么 nàme 젭 그러면, 그렇다면, 그렇게

문장 **바꿔보기**

주어진 문형을 이용하여 다양한 표현을 만들어보세요.

🔊 03-08

1

你觉得鸟叔(PSY)怎么样？   당신이 생각하기에 싸이는 어떤 것 같아요?
Nǐ juéde Niǎoshū zěnmeyàng?

拿铁   당신이 생각하기에 라떼는 어떤 것 같아요?
nátiě

中国菜   당신이 생각하기에 중국요리는 어떤 것 같아요?
Zhōngguó cài

这个人   당신이 생각하기에 이 사람은 어떤 것 같아요?
zhè ge rén

2

我觉得他很搞笑。   제 생각에 그는 매우 웃긴 것 같아요.
Wǒ juéde tā hěn gǎoxiào.

拿铁真好喝   제 생각에 라떼는 정말 맛있는 것 같아요.
nátiě zhēn hǎo hē

中国菜很好吃   제 생각에 중국요리는 아주 맛있는 것 같아요.
Zhōngguó cài hěn hǎo chī

这个人很好   제 생각에 이 사람은 아주 좋은 사람 같아요.
zhè ge rén hěn hǎo

鸟[niǎo]는 '새'를 뜻하고, 叔[shū]는 '아저씨'를 뜻하는 '叔叔'의 줄임말입니다.
가수 싸이의 데뷔곡인 '새'를 인용해서 '새에서 온 아저씨, 鸟叔'라고 불려지고
있습니다.

🔊 03-07

단어

鸟叔 Niǎoshū 고유 가수 싸이를 일컫는 말 | 搞笑 gǎoxiào 동 웃기다 | 拿铁 nátiě 명 라떼
好喝 hǎo hē 동 마시기 좋다 (맛있다)

03-09

1

A 你觉得鸟叔(PSY)怎么样?
Nǐ juéde Niǎoshū zěnmeyàng?

당신이 생각하기에 싸이는 어떤 것 같아요?

B 我觉得他很搞笑。
Wǒ juéde tā hěn gǎoxiào.

제 생각에 싸이는 아주 웃긴 것 같아요.

2

A 我觉得拿铁真好喝。
Wǒ juéde nátiě zhēn hǎo hē.

제 생각에 라떼는 정말 맛있는 것 같아요.

B 我也觉得真好喝。
Wǒ yě juéde zhēn hǎo hē.

제 생각에도 정말 맛있는 것 같아요.

03-10

PLUS TIP + 呢 를 정리해 봅시다!

1. 방금 거론 되었던 문제나 상황에 대해 상대방의 의견을 반복해서 물을 때 사용합니다. '～은(는)요?'

我想看电影, 你呢?   나는 영화를 보고싶은데, 당신은요?
Wǒ xiǎng kàn diànyǐng, nǐ ne?

2. 문장 끝에 쓰여 동작이 진행됨을 나타냅니다.

我打篮球呢。   나는 농구를 하고 있어요.
Wǒ dǎ lánqiú ne.

내것으로 **만들기 1**

그림과 보기를 참고하여 연습문제를 풀어보세요.

◆ 녹음을 듣고 녹음 내용과 일치하는 그림을 고르세요.

03-11

A

B

C

D

① _____ ② _____ ③ _____ ④ _____

◆ 다음 보기를 참고하여 중국어로 대답해 보세요.

你觉得他怎么样?
Nǐ juéde tā zěnmeyàng?
당신 생각에 그는 어떤 것 같아요?

我觉得他 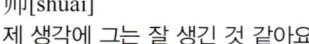。
Wǒ juéde tā .

① 帅[shuài]
제 생각에 그는 잘 생긴 것 같아요.

② 很好[hěn hǎo]
제 생각에 그는 좋은 분 같아요.

③ 搞笑[gǎoxiào]
제 생각에 그는 웃긴 것 같아요.

아래의 단어를 올바르게 배열하여 문장을 완성하세요.

1

觉得	她	怎么样	你
juéde	tā	zěnmeyàng	nǐ

➡

?

당신 생각에 그녀는 어떤 것 같아요?

2

不错	我	觉得	她	很
bú cuò	wǒ	juéde	tā	hěn

➡

。

제 생각에 그녀는 아주 괜찮은 것 같아요.

 03-12

👆 **핵심표현** *이것만은 꼭!*

你觉得他怎么样?
Nǐ juéde tā zěnmeyàng?

당신 생각에 그는 어떤 것 같아요?

我觉得他很好。
Wǒ juéde tā hěn hǎo.

제 생각에 그는 아주 좋은 사람 같아요.

04

신입사원이란!!
(제가 해 보겠습니다!)

포인트
알아보기

我来打吧。

Wǒ lái dǎ ba.

제가 걸어 보겠습니다.

타 부서와 공동으로 진행하는 프로젝트를 위한 회의 시간.
그런데 백대리의 모습이 보이질 않네요. 부서 이동 후 첫 회의시간인데 대체
무슨 일이 있는 걸까요? 같이 회의를 하기로 한 타 부서 이과장의 얼굴에서도 언짢아하는
기색이 역력합니다. 민수는 그 사이에서 안절부절 못하고 있네요.

04-02

| **이과장** | 白代理不来吗? | 백대리는 안 오나? |
| | Bái dàilǐ bù lái ma? | |

민수 我也不太清楚， 我给他打电话吧!
Wǒ yě bú tài qīngchu, wǒ gěi tā dǎ diànhuà ba!

저도 잘 모르겠습니다, 제가 백대리에게 전화해 보겠습니다!

이과장 我来打吧。他的手机号码是多少?
Wǒ lái dǎ ba. Tā de shǒujī hàomǎ shì duōshao?

내가 걸도록 하지. 그(백대리)의 휴대폰 번호가 몇 번이지?

민수 010 1122 2580。
Líng yāo líng yāo yāo èr èr èr wǔ bā líng.

010 – 1122 – 2580입니다.

스토리 파헤치기 1

🎧 04-04

이과장 白代理不来吗?
Bái dàilǐ bù lái ma?

민수 我也不太清楚，我给他打电话吧!
Wǒ yě bú tài qīngchu, wǒ gěi tā dǎ diànhuà ba!

给[gěi]는 원래 '〜(에게)주다'라는 의미의 동사이지만, 위의 본문과 같이 대상 앞에 놓여 '〜에게'라는 뜻의 전치사로 사용될 수도 있습니다.

예 我给他打电话吧。   제가 그에게 전화할게요.
Wǒ gěi tā dǎ diànhuà ba.

我给你，你给他吧。   내가 당신에게 줄 테니, 당신이 그에게 주세요.
Wǒ gěi nǐ, nǐ gěi tā ba.

단어   🎧 04-03

清楚 qīngchu 형 분명하다, 정확하다 ｜ 给 gěi 전 ~에게 / 동 (~에게) 주다
打 dǎ 동 (전화를) 걸다, 때리다 ｜ 电话 diànhuà 명 전화

이과장 我 来 打 吧。他的手机号码是多少?
Wǒ lái dǎ ba.　　Tā de shǒujī hàomǎ shì duōshao?

전화번호 혹은 방 번호를 말할 때는 숫자를 하나씩 읽습니다.
이때 숫자 '1'은 一[yī]라고 하지 않고, 幺[yāo]라고 말합니다.

민수 010 1122 2580。
Líng yāo líng yāo yāo èr èr èr wǔ bā líng.

来[lái]는 원래 '오다'라는 의미의 동사인데, 다른 동사와 함께 쓰일 때는 동사 앞에 놓여 '~
해 보다'라는 의미로 주체자의 적극적인 어감을 드러냅니다.

예 他来我家。   그는 저희 집에 와요.
Tā lái wǒ jiā.

我来做吧!   제가 할게요.
Wǒ lái zuò ba!

我来打吧!   제가 걸게요.(전화)
Wǒ lái dǎ ba!

단어 04-05

来 lái 통 ~을 해보이다, ~해내다　　　　　|　号码 hàomǎ 명 번호
幺 yāo 수 전화번호 혹은 방 번호를 말할 때 숫자 '一' 대신 쓰이는 글자　|　零 líng 명 숫자 '0' 제로

문장 **바꿔보기**

🔊 04-08

1 我给他看吧。
Wǒ gěi tā kàn ba.

제가 그에게 보여줄게요.

你买
nǐ mǎi

제가 당신에게 사줄게요.

她做
tā zuò

제가 그녀에게 해줄게요.

你们听
nǐmen tīng

제가 당신들에게 들려줄게요.

2 我来打吧。
Wǒ lái dǎ ba.

제가 걸게요.

付
fù

제가 계산할게요.(낼게요.)

读
dú

제가 읽을게요.

准备
zhǔnbèi

제가 준비할게요.

🔊 04-07

단어

付 fù 동 지불하다, 계산하다

1

我给他看吧。
Wǒ gěi tā kàn ba.

제가 그에게 보여줄게요.

2

我给你买吧。
Wǒ gěi nǐ mǎi ba.

제가 당신에게 사줄게요.

3

我来付吧。
Wǒ lái fù ba.

제가 계산할게요.(낼게요.)

내것으로 **만들기 1**

그림과 보기를 참고하여 연습문제를 풀어보세요.

✦ 녹음을 듣고 녹음 내용과 그림이 일치하면 'O', 일치하지 않으면 'X'를 하세요. 04-10

1

_____

2

_____

3

_____

4

_____

✦ 다음 보기를 참고하여 중국어로 대답해 보세요.

我来 _____ 吧。
Wǒ lái ba.

1

买[mǎi]
제가 살게요.

2

做[zuò]
제가 할게요.

3

付[fù]
제가 계산할게요.

아래의 단어를 올바르게 배열하여 문장을 완성하세요.

1

给	你	吧	打	电话	我
gěi	nǐ	ba	dǎ	diànhuà	wǒ

➡

。

제가 당신에게 전화할게요.

2

来	吧	我们	准备
lái	ba	wǒmen	zhǔnbèi

➡

。

저희가 준비할게요.

🔊 04-11

 | **핵심표현** 이것만은 꼭!

我给你买吧。　　　　제가 당신에게 사줄게요.
Wǒ gěi nǐ mǎi ba.

我来打吧。　　　　　제가 걸게요.
Wǒ lái dǎ ba.

05

엘리베이터 안에서~
(잠시만 기다려 주세요!)

포인트
알아보기

🔊 05-01

等一下!
Děng yíxià!

좀 기다려 주세요!

출근시간에 늦을까 헐레벌떡 엘리베이터를 향해 뛰는 민수.

겨우겨우 엘리베이터에 올라타서 지각은 면했습니다. 그런데 같은 엘리베이터에 타 있던

백대리. 어제 민수가 작성한 보고서에 무슨 문제가 있는지 화가 잔뜩 난 백대리가 민수를

보자마자 성질을 내고 있네요.

05-02

민수	等一下! 谢谢! Děng yíxià! Xièxie!	(엘리베이터를 향해 소리 지르며) 좀 기다려 주세요! 감사합니다!
백대리	民秀, 你看一下你的报告! Mínxiù, nǐ kàn yíxià nǐ de bàogào!	(엘리베이터 안에서) 민수씨, 자네 보고서 좀 봐봐!
민수	啊! 有问题吗? A! Yǒu wèntí ma?	아! 무슨 문제가 있나요?
백대리	对啊! 你修改一下! Duì a! Nǐ xiūgǎi yíxià!	그래! 수정 좀 해야겠어!

스토리 파헤치기 1

다음 대화를 큰 소리로 읽어 보세요.

🎧 05-04

민수　等一下! 谢谢!
　　　Děng yíxià! Xièxie!

백대리　民秀, 你看一下你的报告!
　　　Mínxiù, nǐ kàn yíxià nǐ de bàogào!

一下[yíxià]는 동사 뒤에 쓰여 '시험 삼아 해보다' 혹은 '좀 ～하다'라는 뜻을 나타냅니다.

예　看一下。　　한번 보세요.
　　　Kàn yíxià.

　　听一下。　　한번 들어 보세요.
　　　Tīng yíxià.

단어

🎧 05-03

一下 yíxià 동사 뒤에 놓여 '좀 ～해보다'라는 뜻으로 쓰임

05-06

민수　啊! 有问题吗?
A!　Yǒu wèntí ma?

백대리　对啊! 你修改一下!
Duì a!　Nǐ xiūgǎi yíxià!

修改[xiūgǎi]는 어떤 문서, 자료, 원고 등을 고치거나 수정할 때 사용하는 말입니다. 물건이 고장이 나서 고치거나 수리할 때는 修理[xiūlǐ]나 修[xiū]를 사용합니다.

예　你修改一下这个报告。　이 보고서를 수정 좀 하세요.
　　Nǐ xiūgǎi yíxià zhè ge bàogào.

　　你修理一下我的自行车。　제 자전거를 좀 고쳐주세요.
　　Nǐ xiūlǐ yíxià wǒ de zìxíngchē.

* 自行车[zìxíngchē] 자전거

05-05

단어

问题 wèntí 몡 문제 ｜ 修改 xiūgǎi 통 수정하다, 고치다

문장 **바꿔보기**

05-08

1

等一下!
Děng yíxià!

잠시 기다려 주세요.

看
Kàn

한번 보세요.

停
Tíng

잠시 세워 주세요.

写
Xiě

한번 써 보세요.

2

你修改一下。
Nǐ xiūgǎi yíxià.

수정 좀 하세요.

打听
dǎtīng

좀 알아보세요.

准备
zhǔnbèi

준비 좀 하세요.

介绍
jièshào

소개 좀 하세요.

05-07

단어

停 tíng 통 정지하다. 서다 ｜ 写 xiě 통 글씨를 쓰다 ｜ 打听 dǎtīng 통 물어보다. 알아보다
介绍 jièshào 명 소개 / 통 소개하다

다음 문장을 큰 소리로 읽어 보세요.

05-10

1

看一下
Kàn yíxià.

한번 보세요.

2

停一下。
Tíng yíxià.

잠시 세워 주세요.

3

旁听一下。
Pángtīng yíxià.

청강 좀 해 보세요.

4

写一下。
Xiě yíxià.

한번 써 보세요.

05-09

단어

旁听 pángtīng 동 청강하다, 방청하다

내것으로 **만들기 1**

그림과 보기를 참고하여 연습문제를 풀어보세요.

◆ 녹음을 듣고 녹음 내용과 그림이 일치하면 'O', 일치하지 않으면 'X'를 하세요. `05-11`

1

_____

2

_____

3

_____

4

_____

◆ 다음 보기를 참고하여 중국어로 대답해 보세요.

一下。
yíxià.

1

修改[xiūgǎi]
수정 좀 하세요.

2

准备[zhǔnbèi]
준비 좀 하세요.

3

介绍[jièshào]
소개 좀 하세요.

1

一下	你的	看	报告	你
yíxià	nǐ de	kàn	bàogào	nǐ

➡

。

당신 보고서를 좀 보세요.

2

修改	你	一下
xiūgǎi	nǐ	yíxià

➡

。

수정 좀 하세요.

🔊 05-12

핵심표현 *이것만은 꼭!*

等一下!
Děng yíxià!

잠시 기다려 주세요!

点은 시간 말고 다양한 의미로 쓰인다?

点[diǎn]은 앞에서 배운 '몇 시'라고 할 때 시간을 나타내는데요, 点은 이 외에도 다양한 의미를 가지고 있습니다. 일상회화에서 많이 쓰이는 표현들을 한번 알아볼까요?
먼저 가장 많이 사용하는 '음식을 주문하다'라는 의미인 点菜[diǎn cài]가 있습니다.

그리고, '고개를 끄덕이다'라고 할 때는, 点头[diǎn tóu], 방송이나 가수 등에게 '노래를 신청하다'라고 할 때는 点歌[diǎn gē]라고 합니다. 대개 노래방에서 노래를 고르다라고 할 때도 쓰입니다.

마지막으로, '출석을 부르다, 지명하다'라는 의미로도 사용할 수 있는데, 중국어로 点名[diǎn míng]이라고합니다.

단어 완벽 마스터!

단어를 완성하세요.

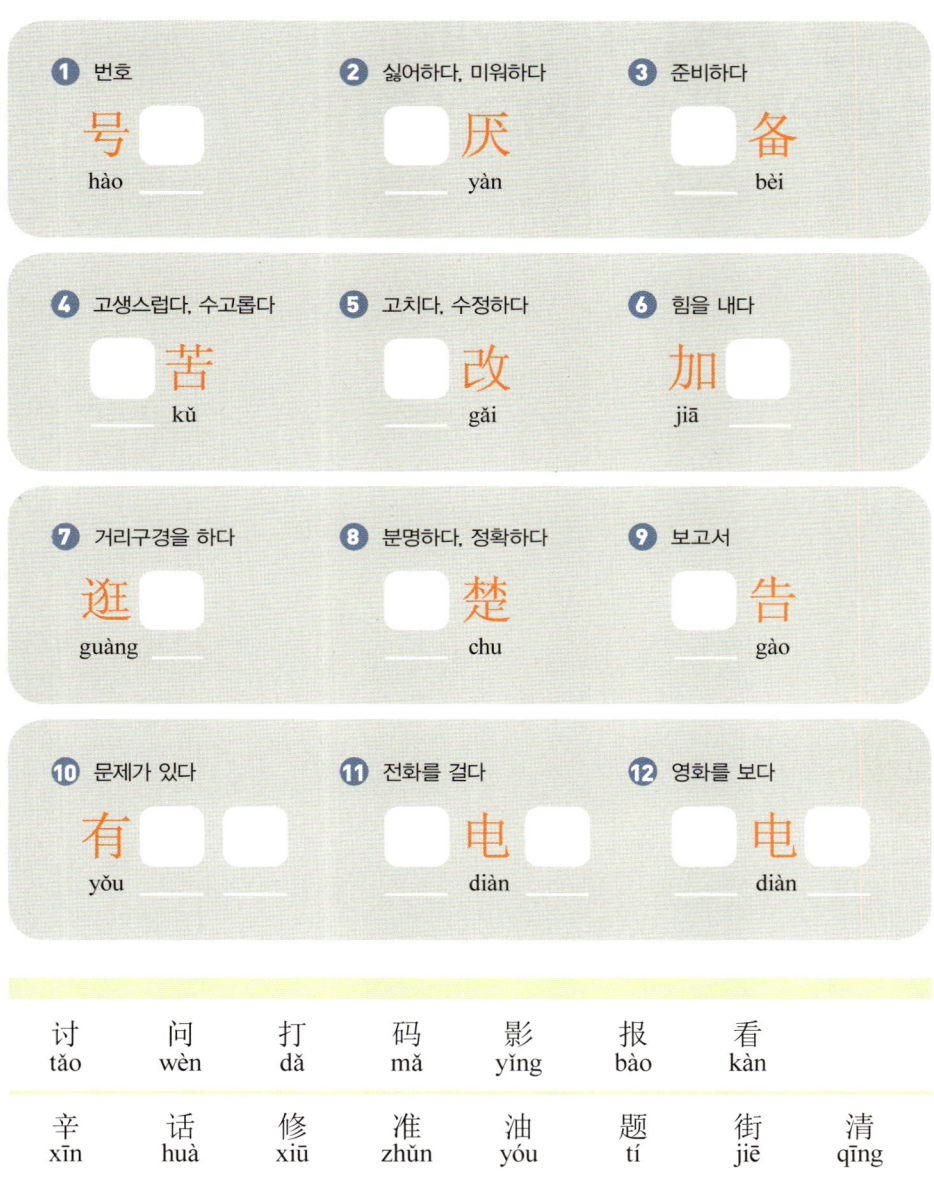

1 번호
号 ☐
hào ___

2 싫어하다, 미워하다
☐ 厌
___ yàn

3 준비하다
☐ 备
___ bèi

4 고생스럽다, 수고롭다
☐ 苦
___ kǔ

5 고치다, 수정하다
☐ 改
___ gǎi

6 힘을 내다
加 ☐
jiā ___

7 거리구경을 하다
逛 ☐
guàng ___

8 분명하다, 정확하다
☐ 楚
___ chu

9 보고서
☐ 告
___ gào

10 문제가 있다
有 ☐ ☐
yǒu ___

11 전화를 걸다
☐ 电 ☐
___ diàn ___

12 영화를 보다
☐ 电 ☐
___ diàn ___

| 讨 | 问 | 打 | 码 | 影 | 报 | 看 |
| tǎo | wèn | dǎ | mǎ | yǐng | bào | kàn |

| 辛 | 话 | 修 | 准 | 油 | 题 | 街 | 清 |
| xīn | huà | xiū | zhǔn | yóu | tí | jiē | qīng |

06

운동은 음악과 함께!
(음악 들으면서 운동하고 싶어요.)

🔊 06-01

포인트
알아보기

我想一边听音乐，一边做运动。
Wǒ xiǎng yìbiān tīng yīnyuè, yìbiān zuò yùndòng.

나는 음악을 들으면서 운동을 하고 싶어요.

오늘 리리는 살과의 전쟁을 위해, 민수는 몸짱이라는 목표를 위해 함께 헬스장을
찾았습니다. 뭐든 쉽게 질리는 리리는 그냥 운동만 하기에는 뭔가 지루하다는 느낌이
드는데요. 그래서 리리는 민수에게 이어폰을 빌려서 음악을 들으며 운동을
하려고 합니다.

06-02

리리	民秀, 你有耳机吗?	민수야, 너 이어폰 있니?

Mínxiù, nǐ yǒu ěrjī ma?

민수	有啊, 怎么了?	있어, 왜?

Yǒu a, zěnme le?

리리	我想一边听音乐, 一边做运动。

Wǒ xiǎng yìbiān tīng yīnyuè, yìbiān zuò yùndòng.

음악 들으면서 운동하고 싶어서.

민수	哦~, 你用我的耳机吧!	아~, 내 이어폰 써!

Ò~,   nǐ yòng wǒ de ěrjī ba!

스토리 **파헤치기 1**

다음 대화를 큰 소리로 읽어 보세요.

🔊 06-04

리리 民秀，你有耳机吗?
Mínxiù, nǐ yǒu ěrjī ma?

민수 有啊，怎么了?
Yǒu a, zěnme le?

怎么[zěnme]는 '어떻게, 어째서'라는 의미 외에, '왜'라는 의미도 쓰일 수 있습니다.

예 1. 어떻게: 궁금한 것을 물어볼 때

你们是怎么认识的? 당신들은 어떻게 알게 되었어요?
Nǐmen shì zěnme rènshi de?

2. 왜: 이유를 물어볼 때

你怎么不知道呢? 당신은 왜 모르시죠? (반문의 어감)
Nǐ zěnme bù zhīdào ne?

🔊 06-03

단어

耳机 ěrjī 몡 이어폰 | 一边 A 一边 B yìbiān A yìbiān B A하면서 B하다 | 音乐 yīnyuè 몡 음악

06-06

리리　我想一边听音乐，一边做运动。
Wǒ xiǎng yìbiān tīng yīnyuè, yìbiān zuò yùndòng.

민수　哦~，你用我的耳机吧!
Ò ~,　nǐ yòng wǒ de ěrjī ba!

一边[yìbiān]A 一边[yìbiān]B는 'A 하면서 (동시에) B하다'라는 의미로 두 가지 동작이 동시에 진행함을 나타낼 때 사용하는 표현입니다.

예　我一边听音乐，一边做作业。　　나는 음악을 들으면서 숙제를 해요.
　　Wǒ yìbiān tīng yīnyuè, yìbiān zuò zuòyè.

　　我一边吃饭一边看电视。　　　　나는 밥을 먹으면서 TV를 봐요
　　Wǒ yìbiān chī fàn yìbiān kàn diànshì.

　　　　　　　　　　　　　　　　　* 做作业[zuò zuòyè] 숙제를 하다

06-05

단어

哦 ò [갑탄] 애, 오!(납득, 이해, 동의 등을 나타냄) | 用 yòng [동] 사용하다, 쓰다

문장 **바꿔보기**

🔊 06-08

1

一边听一边做。
Yìbiān tīng yìbiān zuò.

들으면서 해요.

看　　喝
kàn　　hē

보면서 마셔요.

跳　　唱
tiào　　chàng

춤 추면서 노래 불러요.

听　　画
tīng　　huà

들으면서 그려요.

2

我一边听音乐，一边做运动。
Wǒ yìbiān tīng yīnyuè, yìbiān zuò yùndòng.

나는 음악을 들으면서 운동을 해요.

看书
kàn shū

喝茶
hē chá

나는 책을 보면서 차를 마셔요.

跳舞
tiào wǔ

唱歌
chàng gē

나는 춤을 추면서 노래를 불러요.

听音乐
tīng yīnyuè

画画儿
huà huàr

나는 음악을 들으면서 그림을 그려요.

🔊 06-07

단어

看书 kàns hū 통 책을 보다 │ 跳舞 tiào wǔ 통 춤을 추다 │ 画画儿 huà huàr 통 그림을 그리다

06-09

1

我想一边看书，一边喝茶。

Wǒ xiǎng yìbiān kàn shū, yìbiān hē chá.

나는 책을 보면서 차를 마시고 싶습니다.

2

我打算一边跳舞一边唱歌。

Wǒ dǎsuan yìbiān tiào wǔ, yìbiān chàng gē.

나는 춤을 추면서 노래를 부를 거예요.

06-10

PLUS TIP +　일상생활에서 자주 사용하는 동작 동사는 무엇이 있을까요?

洗脸
xǐ liǎn
세수하다

洗澡
xǐ zǎo
샤워하다,
목욕하다

刷牙
shuā yá
이를 닦다,
양치질 하다

打扮
dǎban
화장하다

내것으로 **만들기 1**

◆ 녹음을 듣고 녹음 내용과 일치하는 그림을 고르세요.　🎧 06-11

A 　　　**B**

C 　　　**D**

① _____　② _____　③ _____　④ _____

◆ 다음 보기를 참고하여 중국어로 대답해 보세요.

我想一边 _____ ，一边 _____ 。
Wǒ xiǎng yìbiān _____ , yìbiān _____ .

① 　　**②** 　　**③**

喝咖啡，休息　　　听音乐，　看书　　　吃饭，　看电视
[hē kāfēi, xiūxi]　　[tīng yīnyuè, kàn shū]　　[chī fàn, kàn diànshì]
나는 커피를 마시면서　　나는 음악을 들으면서　　나는 밥을 먹으면서
쉬고 싶어요.　　　　책을 보고 싶어요.　　　TV를 보고 싶어요.

아래의 단어를 올바르게 배열하여 문장을 완성하세요.

1

一边	做运动	想	听音乐	我	一边
yìbiān	zuò yùndòng	xiǎng	tīng yīnyuè	wǒ	yìbiān

➡

。

나는 음악을 들으면서 운동을 하고 싶어요.

2

用	手机	的	我	你	吧
yòng	shǒujī	de	wǒ	nǐ	ba

➡

。

당신 제 휴대폰을 사용해요.

06-12

🖐️ 📢 | **핵심표현** 이것만은 꼭!

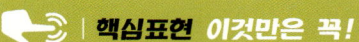

我一边看书, 一边喝茶。   나는 책을 보면서 차를 마셔요.
Wǒ yìbiān kàn shū, yìbiān hē chá.

07

기차 타고 떠나는 여행
(너 도착했어?)

07-01

你到了吗?
Nǐ dào le ma?

당신 도착했어요?

ITX 청춘열차를 타고 춘천에 놀러 가기로 한 민수와 리리.
닭갈비로 유명한 춘천을 꼭 한번 가보고 싶었던 리리는 벌써 역에 먼저 도착해서
기차표 예매를 완료했군요!

07-02

| 민수 | 丽丽，你到了吗? | 리리야, 너 도착했어? |
| | Lìli,　nǐ dào le ma? | |

| 리리 | 我到了，你在哪儿? | 도착했는데, 너 어디야? |
| | Wǒ dào le, nǐ zài nǎr? | |

민수	我在这儿! 我们买火车票吧!	
	Wǒ zài zhèr! Wǒmen mǎi huǒchē piào ba!	
		나 여기에 있어! 우리 기차표 사자!

| 리리 | 我已经买了。 | 내가 이미 샀어. |
| | Wǒ yǐjing mǎi le. | |

스토리 **파헤치기 1**

다음 대화를 큰 소리로 읽어 보세요.

🔊 07-04

민수 　丽丽，你到了吗？
　　　Lìli,　　nǐ dào le ma?

리리 　我到了，你在哪儿？
　　　Wǒ dào le, nǐ zài nǎr?

了[le]는 술어(동사) 뒤에 놓여, 동작이 이미 완료, 완성되었음을 나타냅니다.

예　他到了。　　　　　　그는 도착했어요.
　　Tā dào le.

　　我洗了。　　　　　　나는 씻었어요.
　　Wǒ xǐ le.

'~했어요?/~했습니까?'라고 의문문을 나타낼 때는 了[le] 뒤에 吗[ma]를 붙이면 됩니다.

예　你到了吗？　　　　　당신 도착했어요?
　　Nǐ dào le ma?

🔊 07-03

단어

到 dào 동 도착하다 ｜ 了 le 조 동사 뒤에 쓰여 동작이 완료되었음을 나타냄

민수
我在这儿! 我们买火车票吧!
Wǒ zài zhèr!　　Wǒmen mǎi huǒchē piào ba!

리리
我已经买了。
Wǒ yǐjing mǎi le.

已经[yǐjing]은 술어 앞에 놓여 '이미, 벌써'라는 의미를 나타내는데, 일반적으로 了[le]와 함께 쓰여 동작의 완성을 강조합니다.

| **예** | 我已经买了。
Wǒ yǐjing mǎi le. | 나는 이미 샀어요. |
| | 我已经到了。
Wǒ yǐjing dào le. | 나는 이미 도착했어요. |

동작의 완료에 대한 부정은 술어 앞에 没(有)[méi(yǒu)]를 사용하여 '~하지 않았다'라고 표현합니다. 이때 有를 생략할 수 있으며, 부정문의 경우 了를 붙이지 않는 것도 반드시 기억하세요.

| **예** | 我没(有)到。
Wǒ méi(yǒu) dào. | 나는 도착하지 않았어요. |
| | 我没(有)洗。
Wǒ méi(yǒu) xǐ. | 나는 씻지 않았어요. |

단어

火车 huǒchē 명 기차 ┃ 票 piào 명 표, 티켓 ┃ 已经 yǐjing 부 이미, 벌써

문장 **바꿔보기**

주어진 문형을 이용하여 다양한 표현을 만들어보세요.

07-08

1 我已经买了。
Wǒ yǐjing mǎi le.

나는 이미 샀어요.

懂
dǒng

나는 이미 이해했어요.

吃午饭
chī wǔfàn

나는 이미 점심을 먹었어요.

结婚
jié hūn

나는 이미 결혼했어요.

2 我没(有)买。
Wǒ méi(yǒu) mǎi.

나는 사지 않았어요.

懂
dǒng

나는 이해하지 못했어요.

吃午饭
chī wǔfàn

나는 점심을 먹지 않았어요.

结婚
jié hūn

나는 결혼하지 않았어요.

07-07

단어

懂 dǒng 통 이해하다, 알다 | 午饭 wǔfàn 명 점심(밥), 오찬 | 结婚 jié hūn 통 결혼하다

07-10

1

A

你们都懂了吗?

Nǐmen dōu dǒng le ma?

여러분 모두 이해했어요?

B

我们都懂了。

Wǒmen dōu dǒng le.

우리 모두 이해했어요.

2

A

你升职了吗?

Nǐ shēngzhí le ma?

당신은 승진했어요?

B

我没(有)升职。

Wǒ méi(yǒu) shēngzhí.

나는 승진하지 않았어요.

07-09

단어

升职 shēngzhí 통 승급하다. 승진하다

내것으로 **만들기 1**

그림과 보기를 참고하여 연습문제를 풀어보세요.

🔷 녹음을 듣고 녹음 내용과 그림이 일치하면 'O', 일치하지 않으면 'X'를 하세요. 〔07-11〕

1

_____

2

_____

3

_____

4

_____

🔷 다음 보기를 참고하여 중국어로 대답해 보세요.

我没(有) ⬜⬜⬜⬜⬜⬜。
Wǒ méi(yǒu)

1

买火车票[mǎi huǒchē piào]
나는 기차표를 사지 않았어요.

2

吃午饭[chī wǔfàn]
나는 점심을 먹지 않았어요.

3

懂[dǒng]
나는 이해하지 못했어요.

아래의 단어를 올바르게 배열하여 문장을 완성하세요.

1

了	买	吗	你	票
le	mǎi	ma	nǐ	piào

➡ _____ ?

당신은 표를 샀어요?

2

结婚	我	没有
jié hūn	wǒ	méiyǒu

➡ _____ 。

나는 결혼하지 않았어요.

🔊 07-12

🔊 | **핵심표현** *이것만은 꼭!*

你到了吗?　　당신은 도착했어요?
Nǐ dào le ma?

我已经到了。　　나는 이미 도착했어요.
Wǒ yǐjing dào le.

我没(有)到。　　나는 도착하지 않았어요.
Wǒ méi(yǒu) dào.

08

아버지는 잔소리꾼
(당신 밥은 했어요?)

08-01

포인트
알아보기

我做饭了。
Wǒ zuò fàn le.

나는 밥을 했어요.

주말 오후, 오랜만에 영철과 미자 부부 두 사람만 집에 남았습니다.

단 둘이 오붓한 시간을 가지면 좋으련만,

영철은 미자를 따라다니며 집안일은 다 했는지 잔소리만 늘어놓네요.

08-02

| 영철 | 你做饭了吗? | 당신 밥은 했어? |
| | Nǐ zuò fàn le ma? | |

| 미자 | 我正在做呢。 | 지금 하고 있어요. |
| | Wǒ zhèngzài zuò ne. | |

| 영철 | 你洗衣服了没有? | 당신 빨래 했어 안 했어? |
| | Nǐ xǐ yīfu le méiyou? | |

| 미자 | 我已经洗了, 烦死了! | 빨래 이미 했어요, 귀찮아 죽겠네! |
| | Wǒ yǐjing xǐ le, fán sǐ le! | |

다음 대화를 큰 소리로 읽어 보세요.

08-04

영철 你做饭了吗?
Nǐ zuò fàn le ma?

미자 我正在做呢。
Wǒ zhèngzài zuò ne.

술어 뒤에 목적어가 앞에 수식어 없이 명사 하나만 나오는 경우, 了[le]는 문장 맨 뒤에 놓이고, 문장 전체가 서술하는 내용이 '~한 상황이 되었다. 이미 발생하였다'라는 의미를 나타냅니다.

예 我做饭了。 　　　　나는 밥을 했어요.
Wǒ zuò fàn le.

我洗衣服了。 　　　나는 빨래를 했어요.
Wǒ xǐ yīfu le.

08-03

단어

做饭 zuò fàn 통 밥을 짓다, 식사준비를 하다

08-06

영철 　你洗衣服了没有?
　　　Nǐ xǐ yīfu le méiyou?

미자 　我已经洗了, 烦死了!
　　　Wǒ yǐjing xǐ le,　fán sǐ le!

'～했어요?/～했습니까?'라고 의문문을 나타낼 때 了[le] 뒤에 吗를 붙이거나, 没有 [méiyou]를 붙여서 말할 수 있습니다.

예 　你洗衣服了吗?　　　　　　　당신은 빨래를 했어요?
　　Nǐ xǐ yīfu le ma?

　　你洗衣服了没有?
　　Nǐ xǐ yīfu le méiyou?

死了[sǐ le]는 형용사 뒤에 놓여 '～(해) 죽겠다'라는 뜻으로 정도를 강조하는 구어적 표현 인데, 대개 부정적인 의미에 쓰입니다.

예 　饿死了。　　　　　　　　　배고파 죽겠어요.
　　È sǐ le.

　　累死了。　　　　　　　　　피곤해 죽겠어요.
　　Lèi sǐ le.

단어 　　　　　　　　　　　　　　　　　　　　　　08-05

洗衣服 xǐ yīfu 통 빨래를 하다　　　　　　　　　│ 烦 fán 형 번거롭다, 귀찮다, 성가시다
死了 sǐ le ～해 죽겠다(형용사 뒤에 놓여 정도가 극에 달했음을 나타냄)

문장 **바꿔보기**

주어진 문형을 이용하여 다양한 표현을 만들어보세요.

🔊 08-08

1 你**做饭**了吗?
Nǐ zuò fàn le ma?

당신은 밥을 했어요?

看电影
kàn diànyǐng

당신은 영화를 봤어요?

吃早饭
chī zǎofàn

당신은 아침을 먹었어요?

买衣服
mǎi yīfu

당신은 옷을 샀어요?

2 你**做饭**了没有?
Nǐ zuò fàn le méiyou?

당신은 밥을 했어요 안 했어요?

洗衣服
xǐ yīfu

당신은 빨래를 했어요 안 했어요?

买火车票
mǎi huǒchē piào

당신은 기차표를 샀어요 안 샀어요?

写报告
xiě bàogào

당신은 보고서를 썼어요 안 썼어요?

🔊 08-07

단어

早饭 zǎofàn 명 아침(밥)

1

我看电影了。
Wǒ kàn diànyǐng le.

나는 영화를 봤어요.

2

你看电影了吗?
Nǐ kàn diànyǐng le ma?

당신은 영화를 봤어요?

你看电影了没有?
Nǐ kàn diànyǐng le méiyou?

당신은 영화를 봤어요 안 봤어요?

내것으로 **만들기 1**

◆ 녹음을 듣고 보기의 문장과 일치하면 'O', 일치하지 않으면 'X'를 하세요. `08-10`

1 你做饭了吗?
Nǐ zuò fàn le ma?   (   )

2 你洗衣服了没有?
Nǐ xǐ yīfu le méiyou?   (   )

3 你买火车票了吗?
Nǐ mǎi huǒchē piào le ma?   (   )

◆ 다음 보기와 그림을 참고하여 중국어로 말해 보세요.

你   了吗?
Nǐ   le ma?

买衣服
[mǎi yīfu]
당신은 옷을 샀어요?

吃早饭
[chī zǎofàn]
당신은 아침을 먹었어요?

你   了没有?
Nǐ   le méiyou?

做饭
[zuò fàn]
당신은 밥을 했어요
안 했어요?

写报告
[xiě bàogào]
당신은 보고서를 썼어요
안 썼어요?

1

了	电影	你	看	吗
le	diànyǐng	nǐ	kàn	ma

➡ _____ ?

당신은 영화를 봤어요?

2

没有	了	衣服	洗	你
méiyou	le	yīfu	xǐ	nǐ

➡ _____ ?

당신은 빨래를 했어요 안했어요?

08-11

🔊 | **핵심표현** *이것만은 꼭!*

我做饭了。　　　　　　　　나는 밥을 했어요.
Wǒ zuò fàn le.

你做饭了吗?　　　　　　　당신은 밥을 했어요?
Nǐ zuò fàn le ma?

你做饭了没有?　　　　　　당신은 밥을 했어요 안 했어요?
Nǐ zuò fàn le méiyou?

09

무서운 세상, 너도 나도 조심
(너 오늘 뉴스 봤어?)

포인트
알아보기

09-01

你看了今天的新闻吗?
Nǐ kàn le jīntiān de xīnwén ma?

당신은 오늘의 뉴스를 봤어요?

민수와 대화를 하고 있는 리리.

뭔가 잔뜩 겁에 질려 있는 표정인데 무슨 일이 있는 걸까요?

아~ 오늘 아침 뉴스에 나왔던 범죄 사건에 대해 이야기하고 있었군요.

세상이 흉흉하니 서로 몸조심을 하자고 다짐을 하고 있습니다.

09-02

민수 你看了今天的新闻吗?
Nǐ kàn le jīntiān de xīnwén ma?

너 오늘 뉴스 봤어?

리리 我看了, 真恐怖!
Wǒ kàn le, zhēn kǒngbù!

봤어, 정말 무섭더라!

민수 对啊, 最近犯罪事件特别多。
Duì a,　zuìjìn fànzuì shìjiàn tèbié duō.

맞아, 요새 범죄 사건이 너무 많아.

리리 咱们也小心吧!
Zánmen yě xiǎoxīn ba!

우리도 조심하자!

다음 대화를 큰 소리로 읽어 보세요.

09-04

민수   你看了今天的新闻吗?
       Nǐ kàn le jīntiān de xīnwén ma?

리리   我看了，真恐怖!
       Wǒ kàn le, zhēn kǒngbù!

목적어가 하나의 명사가 아닌 수식어를 동반한 명사인 경우 동작의 완료를 나타내는 了[le]
는 술어 바로 뒤에 놓입니다.

예 수식어가 없는 단순 명사 목적어의 경우 了의 위치   명사 앞에 수식어가 있는 목적어의 경우 了의 위치

我买衣服了。   我买了一件衣服。
Wǒ mǎi yīfu le.   Wǒ mǎi le yí jiàn yīfu.
나는 옷을 샀어요.   나는 옷을 한 벌 샀어요.

我用手机了。   我用了他的手机。
Wǒ yòng shǒujī le.   Wǒ yòng le tā de shǒujī.
나는 휴대폰을 사용했어요.   나는 그의 휴대폰을 사용했어요.

09-03

단어

新闻 xīnwén 명 뉴스 | 恐怖 kǒngbù 형 무섭다

🔊 09-06

민수　对啊，最近犯罪事件特别多。
　　　Duì a, zuìjìn fànzuì shìjiàn tèbié duō.

리리　咱们也小心吧!
　　　Zánmen yě xiǎoxīn ba!

小心[xiǎoxīn]은 한자 독음으로는 '소심'으로 읽혀지지만, 중국어는 '소심'과 상관없는 '조심하다'라는 뜻을 나타냅니다. 중국어로 '소심하다'는 小气[xiǎoqì]로 표현합니다.

예　小心感冒!　　감기 조심하세요!
　　Xiǎoxīn gǎnmào!

　　小心开车!　　운전 조심하세요!
　　Xiǎoxīn kāi chē!

* 感冒[gǎnmào] 감기 / 감기에 걸리다　　* 开车[kāi chē] 운전하다

이처럼, 한국식 한자음과 중국어의 뜻이 서로 다른 어휘를 좀 더 살펴보면, 生气[shēng qì]는 한자 독음으로는 '생기'로 읽혀지지만, 중국어는 '화나다'라는 의미이며, 放心[fàng xīn]는 한자 독음으로 '방심'으로 발음되지만, 중국어는 '안심하다'라는 전혀 다른 의미로 쓰입니다.

🔊 09-05

단어

犯罪 fànzuì 명 범죄 ｜ 事件 shìjiàn 명 사건 ｜ 小心 xiǎoxīn 동 조심하다, 주의하다

문장 **바꿔보기**

09-08

1 我看新闻了。
Wǒ kàn xīnwén le.

나는 뉴스를 봤어요.

吃面包
chī miànbāo

나는 빵을 먹었어요.

去长城
qù Chángchéng

나는 만리장성에 갔어요.

买衣服
mǎi yīfu

나는 옷을 샀어요.

2 我看了今天的新闻。
Wǒ kàn le jīntiān de xīnwén.

나는 오늘의 뉴스를 봤어요.

吃　　三个面包
chī　　sān ge miànbāo

나는 빵 세 개를 먹었어요.

去　　中国的长城
qù　　Zhōngguó de Chángchéng

나는 중국의 만리장성에 갔어요.

买　　红色的衣服
mǎi　　hóngsè de yīfu

나는 빨간 옷을 샀어요.

09-07

단어

红色 hóngsè 명 빨간색

1

我吃了。
Wǒ chī le.

나는 먹었어요.

我吃面包了。
Wǒ chī miànbāo le.

나는 빵을 먹었어요.

2

我吃了三个面包。
Wǒ chī le sān ge miànbāo.

나는 빵 세 개를 먹었어요.

3

我吃了他的面包。
Wǒ chī le tā de miànbāo.

나는 그의 빵을 먹었어요.

내것으로 **만들기 1**

그림과 보기를 참고하여 연습문제를 풀어보세요.

◆ 녹음을 듣고 녹음 내용과 그림이 일치하면 'O', 일치하지 않으면 'X'를 하세요.  09-10

1

_____

2

_____

3

_____

4

_____

◆ 다음 보기와 그림을 참고하여 중국어로 말해 보세요.

> 我 _____ 了 _____ 。
> Wǒ   le   .

1

去，中国的长城
[qù, Zhōngguó de Chángchéng]
나는 중국의 만리장성에 갔어요.

2

买， 红色的裙子
[mǎi, hóngsè de qúnzi]
나는 빨간 치마를 샀어요.

3

吃，一个苹果
[chī, yí ge píngguǒ]
나는 사과 한 개를 먹었어요.

1

今天的	看	新闻	了	我
jīntiān de	kàn	xīnwén	le	wǒ

。

나는 오늘의 뉴스를 봤어요.

2

特别	最近	犯罪	多	事件
tèbié	zuìjìn	fànzuì	duō	shìjiàn

。

요즘 범죄사건이 너무 많아요.

🔊 09-11

핵심표현 *이것만은 꼭!*

我看新闻了。　　　　나는 뉴스를 봤어요.
Wǒ kàn xīnwén le.

你看了今天的新闻吗?　당신은 오늘의 뉴스를 봤어요?
Nǐ kàn le jīntiān de xīnwén ma?

10

힘을 내요 아버지!
(요즘 일이 좀 많아.)

포인트
알아보기

🎧 10-01

最近工作有点儿多。
Zuìjìn gōngzuò yǒu diǎnr duō.

요즘 일이 조금 많아요.

오늘따라 영철의 안색이 유난히 안 좋아 보입니다.
미자는 영철이 어디 아픈 건 아닐까 걱정이 되는데요. 영철은 일이 많아서 밤에
잠을 못 잔 것뿐이라며 대수롭지 않게 넘어갑니다. 한국 가장의 어깨가 무겁다는 것을
실감할 수 있는 하루네요.

10-02

미자	老公，你怎么了? 脸色不好!
	Lǎogōng, nǐ zěnme le? Liǎnsè bù hǎo!
	여보, 당신 왜 그래요? 안색이 안 좋아요!

영철	昨天晚上没(有)睡觉，现在有点儿困。
	Zuótiān wǎnshang méi(yǒu) shuì jiào, xiànzài yǒu diǎnr kùn.
	어젯밤에 잠을 못 잤더니, 지금 좀 졸리네.

미자	你有心事吗? 무슨 걱정거리 있어요?
	Nǐ yǒu xīnshì ma?

영철	没有，最近工作有点儿多。
	Méi yǒu, zuìjìn gōngzuò yǒu diǎnr duō.
	아니, 요새 일이 좀 많아서 그래.

스토리 **파헤치기 1**

다음 대화를 큰 소리로 읽어 보세요.

 10-04

미자   老公, 你怎么了? 脸色不好!
Lǎogōng, nǐ zěnme le? Liǎnsè bù hǎo!

영철   昨天晚上没(有)睡觉, 现在有点儿困。
Zuótiān wǎnshang méi(yǒu) shuì jiào, xiànzài yǒu diǎnr kùn.

有点儿[yǒu diǎnr]은 술어 앞에 놓여 '조금, 약간'의 뜻을 나타냅니다. 대개 여의치 않거나 다소 불만족스러운 어감을 드러냅니다.

예   我有点儿困。   난 좀 졸려요.
Wǒ yǒu diǎnr kùn.

他有点儿胖。   그는 좀 뚱뚱해요.
Tā yǒu diǎnr pàng.

10-03

단어

老公 lǎogōng 몡 남편, 신랑(남편을 부르는 호칭) | 脸色 liǎnsè 몡 안색 | 睡觉 shuì jiào 통 잠을 자다
有点儿 yǒu diǎnr 분 조금, 약간, 다소 | 困 kùn 혱 졸리다

10-06

미자　你有心事吗?
　　　Nǐ yǒu xīnshì ma?

영철　没有，最近工作有点儿多。
　　　Méi yǒu, zuìjìn gōngzuò yǒu diǎnr duō.

心事[xīnshì]는 '마음의 일, 걱정거리'를 뜻하는 말입니다. 뒤에 儿를 써서 心事儿 [xīnshìr]이라고도 합니다.

예　我有很多心事。　　　나는 아주 많은 걱정거리가 있어요.
　　Wǒ yǒu hěn duō xīnshì.

단어

10-05

心事 xīnshì 명 걱정거리, 근심거리

문장 **바꿔보기**

🔊 10-08

1 现在有点儿困。
Xiànzài yǒu diǎnr kùn.

지금 좀 졸려요.

疼
téng

지금 좀 아파요.

渴
kě

지금 좀 목말라요.

热
rè

지금 좀 더워요.

2 工作有点儿多。
Gōngzuò yǒu diǎnr duō.

일이 좀 많아요.

马芬蛋糕　　多
Mǎfēn dàngāo　duō

머핀이 좀 많아요.

减肥　　麻烦
Jiǎnféi　máfan

다이어트는 좀 번거로워요.

汉语　　难
Hànyǔ　nán

중국어는 좀 어려워요.

🔊 10-07

단어

疼 téng 형 아프다　|　渴 kě 형 목마르다, 갈증나다　|　热 rè 형 덥다
马芬蛋糕 mǎfēn dàngāo 명 머핀　|　麻烦 máfan 형 귀찮다, 성가시다, 번거롭다　|　难 nán 형 어렵다

10-09

1

马芬蛋糕有点儿多。
Mǎfēn dàngāo yǒu diǎnr duō.

머핀이 조금 많아요.

2

减肥有点儿麻烦。
Jiǎnféi yǒu diǎnr máfan.

다이어트는 조금 번거로워요.

10-10

PLUS TIP + 　간식 관련 중국어는 무엇이 있을까요?

蛋糕　　케이크
dàngāo

饼干　　과자
bǐnggān

巧克力　초콜릿
qiǎokèlì

冰淇淋　아이스크림
bīngqílín

내것으로 **만들기 1**

그림과 보기를 참고하여 연습문제를 풀어보세요.

✦ 녹음을 듣고 보기의 문장과 일치하면 'O', 일치하지 않으면 'X'를 하세요.　🔊 10-11

1　最近工作有点儿忙。　　　　　　　　　　（　　　　　）
　　Zuìjìn gōngzuò yǒu diǎnr máng.

2　减肥有点儿难。　　　　　　　　　　　　（　　　　　）
　　Jiǎnféi yǒu diǎnr nán.

3　现在工作有点儿麻烦。　　　　　　　　　（　　　　　）
　　Xiànzài gōngzuò yǒu diǎnr máfan.

✦ 다음 보기와 그림을 참고하여 중국어로 말해 보세요.

> 有点儿　　　　　　　　　。
> yǒu diǎnr　　　　　　　.

身体，累
[shēntǐ, lèi]
몸이 좀 피곤해요.

汉语，难
[Hànyǔ, nán]
중국어는 좀 어려워요.

今天，热
[jīntiān, rè]
오늘은 좀 더워요.

아래의 단어를 올바르게 배열하여 문장을 완성하세요.

1

工作	多	最近	有点儿
gōngzuò	duō	zuìjìn	yǒu diǎnr

➡

。

요즘 일이 조금 많아요.

2

睡觉	晚上	没(有)	昨天
shuì jiào	wǎnshang	méi(yǒu)	zuótiān

➡

。

어제 저녁에 잠을 못 잤어요.

🔊 10-12

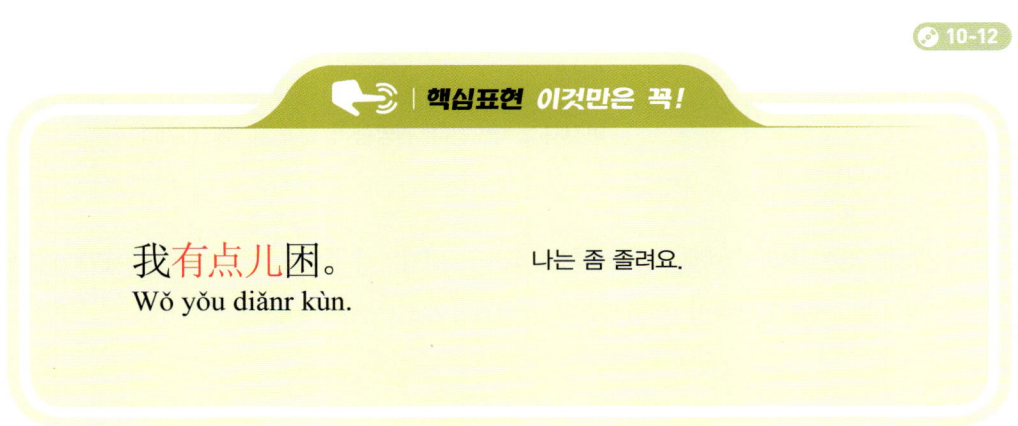

👆🔊 | **핵심표현** *이것만은 꼭!*

我有点儿困。　　　　　나는 좀 졸려요.
Wǒ yǒu diǎnr kùn.

숫자 속에 숨어 있는 중국어 표현 알아보기

중국어에는 일상 회화에 숫자가 들어간 표현들이 있어요. 숫자가 들어간 표현들을 보면 대개 사자성어로 구성이 되어 있는데요, 재미있고 신기한 숫자가 들어간 표현들은 어떤 것들이 있는지 한번 알아볼까요?

중국어에서 숫자 7과 8을 같이 쓰면 어지럽고 혼란스러운 상황을 나타내요.

乱七八糟
luàn qī bā zāo　　　　엉망 진창이다, 뒤죽박죽이다

간략하게 말하면, 어지럽고 혼란스러움을 나타내는 성어예요. 우리말로 '엉망진창이다, 아수라장이다, 혼잡하다'라는 의미로 흔히 방이 아주 어질러져 있는 모습에 자주 사용하는 표현이랍니다.

七上八下
qī shàng bā xià　　　　마음이 불안하다, 초조하다

뜻을 풀이하면, '칠은 올라가고, 팔은 내려 간다'라는 의미인데요, 왠지 균형이 안 맞을 것 같죠? 마음이 위 아래! 위위 아래, 즉 마음이 불안하거나 초조해서 안절부절 못할 때 사용하는 성어예요. 현재는 중국 공무원의 정년 규정을 七上八下라고 해서 '67세는 되고, 68세는 안 된다'라는 비유적인 의미로도 사용하고 있기도 한답니다.

또한, 중국어에서 숫자 3과 4를 같이 쓰면 부정적인 의미로 좋지 않은 뜻을 가지고 있어요.

丢三落四
diū sān là sì　　　　이것저것 빠뜨리다, 건망증이 있어 잘 잊어버리다

뜻을 풀이하면, '3개를 잃어버리고 4개를 떨어뜨리다'라는 의미인데요, 대개 물건을 잘 잊어버리거나 건망증이 심한 사람들을 일컬어 부르는 성어예요.

단어 완벽 마스터!

● 빈칸에 들어갈 단어를 보기에서 골라 완성하세요.

有点儿	脸色	死了	小心	用	没有	今天
yǒu diǎnr	liǎnsè	sǐ le	xiǎoxīn	yòng	méiyou	jīntiān

❶ 最近我特别忙, 累 　　　　　　　　。　　　　　요즘 너무 바빠서 피곤해 죽겠어요.
Zuìjìn wǒ tèbié máng, lèi 　　　　　　.

❷ 你没有耳机吗? 那 　　　　　　 我的耳机吧。
Nǐ méiyǒu ěrjī ma? Nà 　　　　　　 wǒ de ěrjī ba.

　　　　　　　　당신 이어폰 없어요? 그럼 제 이어폰을 사용하세요.

❸ 你怎么了? 　　　　　　　不好。　　　　당신 왜 그래요? 안색이 안 좋아요.
Nǐ zěnme le? 　　　　　　 bù hǎo.

❹ 我非常饿, 你做饭了 　　　　　　 ?
Wǒ fēicháng è, nǐ zuò fàn le 　　　　　 ?

　　　　　　　저 너무 배고파요, 당신 밥 다 했어요 안 했어요?

❺ 你看了 　　　　　　 的新闻吗?　　　　당신 오늘의 뉴스를 봤어요?
Nǐ kàn le 　　　　　 de xīnwén ma?

❻ 昨天晚上没睡觉, 　现在 　　　　　　 困。
Zuótiān wǎnshang méi shuì jiào, xiànzài 　　　　　 kùn.

　　　　　　　어제 저녁에 못 잤어요, 지금 조금 피곤해요.

❼ 最近犯罪事件特别多, 咱们也 　　　　　　 吧。
Zuìjìn fànzuì shìjiàn tèbié duō, zánmen yě 　　　　　 ba.

　　　　　　　요즘 범죄사건이 아주 많아요, 우리도 조심해요.

11

아니 벌써!?
(저 벌써 일어났어요.)

포인트
알아보기

11-01

我五点半就起床了。
Wǒ wǔ diǎn bàn jiù qǐ chuáng le.

나는 다섯 시 반에 (벌써) 일어났어요.

평소 늦잠꾸러기로 소문난 민희.

오늘은 웬일인지 이른 시간부터 일어나 부엌에서 뭔가를 하고 있네요.

아하! 알고 보니 오늘이 미자의 생일이었군요! 엄마를 위해 미역국을 준비하려고

일찍 일어나 있었던 민희. 그런 민희가 오늘 따라 유난히 기특하게 느껴집니다.

11-02

미자	咦？你已经起床了？	어? 너 벌써 일어났니?
	Yí? Nǐ yǐjing qǐ chuáng le?	

민희	我五点半就起床了。	저 다섯 시 반에 (벌써) 일어났어요.
	Wǒ wǔ diǎn bàn jiù qǐ chuáng le.	

미자	怎么回事啊？	웬일이야?
	Zěnme huí shì a?	

민희	今天是你的生日，我给你做海带汤。	
	Jīntiān shì nǐ de shēngrì, wǒ gěi nǐ zuò hǎidàitāng.	
		오늘 엄마 생신이잖아요, 제가 엄마한테 미역국을 끓여드릴게요.

스토리 **파헤치기 1**

🔊 11-04

미자
哎？你已经起床了？
Yí?　Nǐ yǐjing qǐ chuáng le?

민희
我五点半就起床了。
Wǒ wǔ diǎn bàn jiù qǐ chuáng le.

시간 뒤에 就[jiù]를 붙이면 '벌써 ～하다'라는 뜻으로 일의 발생이 비교적 이르거나 빠르다
는 것을 강조할 수 있습니다. 특별한 시간표현 없이도 '벌써'라는 의미의 早就[zǎo jiù]를
써서 시간의 이른감을 나타낼 수도 있습니다.

예 **我七点半就走了。**
　　Wǒ qī diǎn bàn jiù zǒu le.
　　나는 7시 반에 (벌써) 갔어요.

　　我早就知道了。
　　Wǒ zǎo jiù zhīdao le.
　　나는 벌써(일찌감치) 알고 있었어요.

* 早就[zǎo jiù] 벌써, 일찌감치

단어
🔊 11-03

哎 yí 깜 어, 어이구(놀람을 표시함)　｜　起床 qǐ chuáng 통 일어나다, 기상하다
就 jiù 부 벌써(일의 발생이 이름을 강조함), 곧

11-06

미자   怎么回事啊?
Zěnme huí shì a?

민희   今天是你的生日，我给你做海带汤。
Jīntiān shì nǐ de shēngrì, wǒ gěi nǐ zuò hǎidàitāng.

怎么回事[zěnme huí shì]는 '어떻게 된 일이야, 어찌된 일이야, 웬일이야'라는 뜻으로 일 상생활에서 자주 사용하는 관용표현입니다.

예   最近你脸色不好，怎么回事?
Zuìjìn nǐ liǎnsè bù hǎo, zěnme huí shì?

요즘 당신 안색이 안 좋은데, 어떻게 된 일이에요?

11-05

단어

怎么回事 zěnme huí shì 어떻게 된 일이야 | 海带汤 hǎidàitāng 명 미역국

문장 **바꿔보기**

주어진 문형을 이용하여 다양한 표현을 만들어보세요.

11-08

1

我五点半就起床了。
Wǒ wǔ diǎn bàn jiù qǐ chuáng le.

저는 5시 반에 (벌써) 일어났어요.

吃早饭
chī zǎofàn

저는 5시 반에 (벌써) 아침을 먹었어요.

上班
shàng bān

저는 5시 반에 (벌써) 출근했어요.

出发
chūfā

저는 5시 반에 (벌써) 출발했어요.

2

飞机三点就起飞了。
Fēijī sān diǎn jiù qǐfēi le.

비행기는 3시에 (벌써) 이륙했어요.

他们九点　　睡觉
Tāmen jiǔ diǎn　　shuì jiào

그들은 9시에 (벌써) 잠들었어요.

火车十二点　　出发
Huǒchē shí'èr diǎn　　chūfā

기차는 12시에 (벌써) 출발했어요.

我们五点　　下课
Wǒmen wǔ diǎn　　xià kè

우리는 5시에 (벌써) 수업을 마쳤어요.

11-07

단어

上班 shàng bān 동 출근하다 ｜ 飞机 fēijī 명 비행기 　｜ 起飞 qǐfēi 동 이륙하다
出发 chūfā 동 출발하다 ｜ 下课 xià kè 동 수업을 마치다

11-09

1

飞机三点就起飞了。
Fēijī sān diǎn jiù qǐfēi le.

비행기는 3시에 (벌써) 이륙했어요.

2

他们九点就睡觉了。
Tāmen jiǔ diǎn jiù shuì jiào le.

그들은 9시에 (벌써) 잠들었어요.

11-10

PLUS TIP +   중국의 일상 생활에서 자주 이용하는 교통수단 단어는 어떤 것들이 있을까요?

버스를 (타다)
(坐)公交车
(zuò)gōngjiāochē

지하철을 (타다)
(坐)地铁
(zuò)dìtiě

저전거를 (타다)
(骑)自行车
(qí)zìxíngchē

택시를 (타다)
(坐)出租车
(zuò)chūzūchē

내것으로 **만들기 1**

◆ 녹음을 듣고 녹음 내용과 일치하는 그림을 고르세요.   `11-11`

A

B

C

D

❶ _____   ❷ _____   ❸ _____   ❹ _____

◆ 다음 보기와 그림을 참고하여 중국어로 말해 보세요.

我 就 了。
Wǒ   jiù   le.

❶

六点， 下班
[liù diǎn, xià bān]
나는 6시에 벌써 퇴근했어요.

❷

三点， 下课
[sān diǎn, xià kè]
나는 3시에 벌써 수업을 마쳤어요.

❸

九点， 睡觉
[jiǔ diǎn, shuì jiào]
나는 9시에 벌써 잠들었어요.

1

两点	飞机	起飞	了	就
liǎng diǎn	fēijī	qǐfēi	le	jiù

➡

。

비행기는 2시에 벌써 이륙했어요.

2

蛋糕	做	你	给	我
dàngāo	zuò	nǐ	gěi	wǒ

➡

。

제가 당신에게 케이크를 만들어줄게요.

11-12

 핵심표현 **이것만은 꼭!**

我五点半就起床了。　　저는 5시 반에 (벌써) 일어났어요.
Wǒ wǔ diǎn bàn jiù qǐ chuáng le.

12

야근은 의무지만 지각은 죄!
(왜 이제서야 오는 거야?)

12-01

포인트
알아보기

你为什么现在才来?
Nǐ wèishénme xiànzài cái lái?

당신은 왜 이제서야 오는 거예요?

민수네 회사 출근시간은 여덟 시입니다. 그런데 출근시간을 한참 넘긴 아홉 시에야
헐레벌떡 회사에 도착한 민수. 알고 보니 민수가 늦잠을 자서 여덟 시가 다돼서 집에서
출발을 했군요. 출근하자마자 백대리의 심기를 건드린 민수는 눈치 보기에 급급하네요.
민수…이러다 백대리에게 제대로 찍히는 건 아닌지 모르겠어요.

🔊 12-02

백대리	金民秀，你过来一下！ Jīn Mínxiù, nǐ guòlai yíxià!	김민수, 자네 이리 좀 와봐!
민수	对不起，我迟到了。 Duìbuqǐ, wǒ chídào le.	죄송합니다, 제가 늦었습니다.
백대리	你为什么现在才来？ Nǐ wèishénme xiànzài cái lái?	왜 이제서야 오는 거야?
민수	我今天八点才出门，很抱歉。 Wǒ jīntiān bā diǎn cái chū mén, hěn bàoqiàn.	오늘 여덟 시가 되어서야 집을 나왔어요, 죄송합니다!

스토리 **파헤치기 1**

🔊 12-04

백대리　金民秀, 你过来一下!
　　　　Jīn Mínxiù, nǐ guòlai yíxià!

민수　　对不起, 我迟到了。
　　　　Duìbuqǐ, 　wǒ chídào le.

过来[guòlai]는 '오다, 지나오다, 건너오다'라는 의미인데, 일반적으로 다른 지점에 있는 사람이 말하는 사람 쪽으로 건너오는 것을 나타낼 때 사용합니다. 반대로, 말하는 사람이 멀리 있는 상대방이 있는 곳으로 향해 갈 때는 过去[guòqu]를 사용합니다.

예　车来了, 你快过来吧!　　　차가 왔어요, 빨리 건너오세요!
　　Chē lái le, nǐ kuài guòlai ba!

　　你过来还是我过去?　　　네가 건너올래 아니면 내가 건너갈까?
　　Nǐ guòlai háishi wǒ guòqu?

🔊 12-03

단어

过 guò 통 지나다, 건너다 ｜ 过来 guòlai 통 오다, 건너오다 ｜ 迟到 chídào 통 지각하다

백대리 你为什么现在才来?
Nǐ wèishéme xiànzài cái lái?

민수 我今天八点才出门, 很抱歉。
Wǒ jīntiān bā diǎn cái chū mén, hěn bàoqiàn.

시간이나 수량사 뒤에 才[cái]를 붙이면 '~가 되어서야 비로소 ~하다'라는 뜻으로 일의
발생이 비교적 느리다는 것을 강조하는 말이 됩니다.

예 就 : 일의 발생이 빠름

我五点半就起床了。　　나는 5시 반에 (벌써) 일어났어요.
Wǒ wǔ diǎn bàn jiù qǐ chuáng le.

才 : 일의 발생이 느림

我九点半才起床。　　나는 9시 반이 되어서야 (비로소) 일어났어요.
Wǒ jiǔ diǎn bàn cái qǐ chuáng.

단어

才 cái 부 ~에야, ~에야 비로소(일의 발생이 늦음을 강조함) ｜ 出门 chū mén 동 집을 나서다, 외출하다
抱歉 bàoqiàn 동 미안해하다(对不起보다 비교적 정중한 사과 표현임)

문장 **바꿔보기**

🔊 12-08

1 他二十岁就结婚了。
Tā èrshí suì jiù jié hūn le.

그는 스무 살에 벌써 결혼을 했어요.

早上五点　　起床
zǎoshang wǔ diǎn　qǐ chuáng

그는 아침 5시에 벌써 일어났어요.

晚上九点　　睡觉
wǎnshang jiǔ diǎn　shuì jiào

그는 저녁 9시에 벌써 잠들었어요.

下午三点　　下课
xiàwǔ sān diǎn　xià kè

그는 오후 3시에 벌써 수업이 끝났어요.

2 他四十岁才结婚。
Tā sìshí suì cái jié hūn.

그는 마흔 살이 되어서야 결혼을 했어요.

早上九点　　起床
zǎoshang jiǔ diǎn　qǐ chuáng

그는 아침 9시가 되어서야 일어났어요.

晚上十二点　　睡觉
wǎnshang shí'èr diǎn　shuì jiào

그는 저녁 12시가 되어서야 잠들었어요.

下午六点　　下课
xiàwǔ liù diǎn　xià kè

그는 오후 6시가 되어서야 수업이 끝났어요.

🔊 12-07

단어

下午 xiàwǔ 명 오후

1

他二十岁就结婚了。
Tā èrshí suì jiù jié hūn le.

그는 스무 살에 벌써 결혼을 했어요.

2

我四十岁才结婚。
Wǒ sìshí suì cái jié hūn.

나는 마흔 살이 되어서야 비로소 결혼을 했어요.

3

弟弟早上五点就起床了。
Dìdi zǎoshang wǔ diǎn jiù qǐ chuáng le.

남동생은 아침 5시에 벌써 일어났어요.

4

弟弟十点才起床。
Dìdi shí diǎn cái qǐ chuáng.

남동생은 10시가 되어서야 일어났어요.

내것으로 **만들기 1**

그림과 보기를 참고하여 연습문제를 풀어보세요.

◆ 녹음을 듣고 녹음 내용과 그림이 일치하면 'O', 일치하지 않으면 'X'를 하세요. `12-10`

1

2

3

4

◆ 다음 보기를 참고하여 중국어로 대답해 보세요.

我 _____ 才 _____ 。
Wǒ   cái   .

1

晚上十一点，　　回家
[wǎnshang shíyī diǎn, huíjiā]
나는 저녁 열 한시가 되어서야
집에 갔어요.

2

四十岁，学习汉语
[sìshí suì, xuéxí Hànyǔ]
나는 마흔 살이 되어서야
중국어를 배웠어요.

3

晚上九点，　　吃晚饭
[wǎnshang jiǔ diǎn, chī wǎnfàn]
나는 저녁 아홉 시가 되어서야
저녁을 먹었어요.

아래의 단어를 올바르게 배열하여 문장을 완성하세요.

1

为什么	现在	来	你	才
wèishénme	xiànzài	lái	nǐ	cái

➡ ＿＿＿＿＿＿＿＿＿＿＿＿＿＿＿？

당신은 왜 이제서야 오는 거예요?

2

妹妹	才	早上	九点	起床
mèimei	cái	zǎoshang	jiǔ diǎn	qǐ chuáng

➡ ＿＿＿＿＿＿＿＿＿＿＿＿＿＿＿。

여동생은 아침 9시가 되어서야 일어났어요.

🔊 12-11

👉🔊 **핵심표현** *이것만은 꼭!*

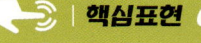

我今天八点**才**出门。   나는 오늘 8시가 되어서야 집을 나왔어요.
Wǒ jīntiān bā diǎn cái chū mén.

13

감기엔 밥이 보약!
(밥부터 먹고 약 먹으렴.)

포인트
알아보기

13-01

你先吃饭，然后吃药吧!
Nǐ xiān chī fàn, ránhòu chī yào ba!

당신은 먼저 밥을 먹고, 그 다음에 약을 먹어요!

환절기에 멋모르고 얇은 옷을 입고 나갔다가 감기에 제대로 걸린 민수.

밥을 먹을 힘도 없어 보이는데... 상태가 조금 심각해 보입니다.

많이 힘들어하는 아들을 보고 미자는 걱정이 이만저만이 아닙니다.

🔊 13-02

민수 妈, 有感冒药吗?　　　　　　　엄마, 감기약 있어요?
　　　 Mā, yǒu gǎnmào yào ma?

미자 怎么了? 哪儿不舒服?　　　　　왜? 어디가 불편한데?
　　　 Zěnme le? Nǎr bù shūfu?

민수 一直咳嗽, 流鼻涕, 我可能感冒了。
　　　 Yìzhí késou,　liú bítì,　　wǒ kěnéng gǎnmào le.

　　　　　　　　　　　계속 기침나고 콧물이 나는 게 감기에 걸린 것 같아요.

　　　　　　　　　　　　　　　　　　　　　(감기약을 건네주며)

미자 你先吃饭, 然后吃药吧!　　　　밥부터 먹고 약 먹으렴!
　　　 Nǐ xiān chī fàn, ránhòu chī yào ba!

다음 대화를 큰 소리로 읽어 보세요.

🔊 13-04

민수 妈, 有感冒药吗?
　　　Mā, yǒu gǎnmào yào ma?

미자 怎么了? 哪儿不舒服?
　　　Zěnme le?　Nǎr bù shūfu?

우리말의 '어디가 아프세요?'를 중국어로 표현할 때는 '아프다'라는 의미의 疼[téng] 보다 '불편하다'라는 의미의 不舒服[bù shūfu]를 써서 나타냅니다.

예 你哪儿不舒服?　　　당신은 어디가 아프세요?
　　Nǐ nǎr bù shūfu?

🔊 13-03

단어

感冒 gǎnmào 명 감기 / 통 감기에 걸리다 ｜ 药 yào 명 약
感冒药 gǎnmào yào 명 감기약　　　　｜ 舒服 shūfu 형 편안하다, 가볍다

민수 一直咳嗽，流鼻涕，我可能感冒了。
Yìzhí késou,　liú bítì,　　wǒ kěnéng gǎnmào le.

미자 你先吃饭，然后吃药吧！
Nǐ xiān chī fàn, ránhòu chī yào ba!

可能[kěnéng]은 술어 앞에 놓여 '아마도 ~할지 모른다, 아마 ~일 것이다'라는 발생 가능한 상황을 표현합니다.

예 他可能不知道。　　　그는 아마도 모를 거예요.
Tā kěnéng bù zhīdào.

先[xiān]A, 然后[ránhòu]B는 '먼저 A하고, 그 다음에 B하다'라는 의미로 동작의 선후 순서를 표현할 때 씁니다.

예 你先吃饭，然后复习。　　먼저 밥을 먹고, 그 다음에 복습해요.
Nǐ xiān chī fàn, ránhòu fùxí.

단어

一直 yìzhí 부 계속, 줄곧 (동작 혹은 상태가 지속됨을 나타냄) │ 咳嗽 késou 동 기침하다
流 liú 동 흐르다 │ 流鼻涕 liú bítì 동 콧물이 나다 │ 可能 kěnéng 부 아마도, 어쩌면, 아마 ~일 것이다

문장 **바꿔보기**

🔊 13-08

1

我先吃饭，然后吃药。
Wǒ xiān chī fàn, ránhòu chī yào.

저는 먼저 밥을 먹고, 그 다음에 약을 먹어요.

休息	运动
xiūxi	yùndòng

저는 먼저 쉬고, 그 다음에 운동해요.

吃饭	复习
chī fàn	fùxí

저는 먼저 밥을 먹고, 그 다음에 복습을 해요.

做饭	洗衣服
zuò fàn	xǐ yīfu

저는 먼저 밥을 하고, 그 다음에 빨래를 해요.

做作业	出去玩儿
zuò zuòyè	chūqu wánr

저는 먼저 숙제를 하고, 그 다음에 나가서 놀아요.

🔊 13-09

PLUS TIP + 감기 증상과 관련한 중국어는 어떤 것이 있을까요?

 发烧　열이 나다
fā shāo

 呕吐　구토하다
ǒu tù

 头晕　어지럽다
tóu yūn

 头疼　머리가 아프다
tóu téng

단어　🔊 13-07

复习 fùxí 동 복습하다 | 做作业 zuò zuòyè 동 숙제를 하다 | 出去 chūqu 동 나가다 | 玩儿 wánr 동 놀다

13-11

1

A

你回家干嘛?
Nǐ huí jiā gàn má?

당신은 집에 가서 뭘 해요?

B

我先吃饭，然后复习。
Wǒ xiān chī fàn, ránhòu fùxí.

저는 먼저 밥을 먹고, 그 다음에 복습을 해요.

2

A

你想吃什么?
Nǐ xiǎng chī shénme?

당신은 무엇을 먹고 싶어요?

B

我先吃披萨，然后吃炸酱面。
Wǒ xiān chī pīsà,　ránhòu chī zhájiàngmiàn.

저는 먼저 피자를 먹고, 그 다음에 자장면을 먹을 거예요.

단어

13-10

干嘛 gàn má 뭐해? 무엇을 하는가? (干什么와 같은 의미임) ｜ 披萨 pīsà 몡 피자(=比萨饼 bǐsàbǐng)
炸酱面 zhájiàngmiàn 몡 자장면

내것으로 **만들기 1**

◆ 녹음을 듣고 보기의 문장과 일치하면 'O', 일치하지 않으면 'X'를 하세요. ⓓ 13-12

1 我先吃饭，然后吃药。　　　　　　　　(　)
Wǒ xiān chī fàn, ránhòu chī yào.

2 我先吃披萨，然后吃炸酱面。　　　　　(　)
Wǒ xiān chī pīsà, ránhòu chī zhájiàngmiàn.

3 我先运动，然后休息。　　　　　　　　(　)
Wǒ xiān yùndòng, ránhòu xiūxi.

◆ 다음 보기와 그림을 참고하여 중국어로 말해 보세요.

A 你回家干什么?　　　　　　당신은 집에 가서 뭘 해요?
Nǐ huí jiā gàn shénme?

B 我先　　　　　，然后　　　　　。
Wǒ xiān　　　　　, ránhòu　　　　　.

运动，　吃饭
[yùndòng, chī fàn]
저는 먼저 운동하고,
그 다음에 밥을 먹어요.

吃饭，　看电视
[chī fàn, kàn diànshì]
저는 먼저 밥을 먹고,
그 다음에 TV를 봐요.

休息，洗衣服
[xiūxi, xǐ yīfu]
저는 먼저 쉬고,
그 다음에 빨래를 해요.

1

可能　　　了　　　我　　　感冒
kěnéng　　le　　wǒ　　gǎnmào

　。

나는 아마도 감기에 걸린 것 같아요.

2

然后　　吃饭　　复习　　我　　先
ránhòu　chī fàn　fùxí　wǒ　xiān

　。

저는 먼저 밥을 먹고, 그 다음에 복습을 해요.

🔊 13-13

🔊 | **핵심표현** *이것만은 꼭!*

你**先**吃饭，**然后**吃药。　　당신은 먼저 밥을 먹고, 그 다음에 약을 먹어요.
Nǐ xiān chī fàn, ránhòu chī yào.

14

누가 민희의 마음을 훔쳤나?
(나 좋아하는 사람 생겼어.)

14-01

我有意中人了。
Wǒ yǒu yìzhōngrén le.

좋아하는 사람이 생겼어요.

요즘 평소와 다르게 얼굴에 생기가 넘치는 민희.

그러고 보니, 얼굴에 살도 좀 빠진 것 같은데, 어쩐지! 좋아하는 사람이 생겼군요!

역시 여자는 사랑을 해야 예뻐지는 모양입니다!

14-02

리리 　我觉得你最近漂亮了!　　　　　너 요즘 예뻐진 것 같아!
　　　Wǒ juéde nǐ zuìjìn piàoliang le!

민희 　真的吗? 其实我有意中人了。
　　　Zhēn de ma? Qíshí wǒ yǒu yìzhōngrén le.
　　　　　　　　　　　　　정말? 사실 나 좋아하는 사람 생겼어.

리리 　谁啊? 我也认识吗?　　　　　　누구야? 나도 아는 사람이야?
　　　Shéi a? Wǒ yě rènshi ma?

민희 　我不告诉你!　　　　　　　　　안 가르쳐주지!
　　　Wǒ bú gàosu nǐ!

스토리 파헤치기 1

다음 대화를 큰 소리로 읽어 보세요.

🔊 14-04

리리   我觉得你最近漂亮了!
        Wǒ juéde nǐ zuìjìn piàoliang le!

민희   真的吗? 其实我有意中人了。
        Zhēn de ma? Qíshí wǒ yǒu yìzhōngrén le.

了[le]는 문장 맨 뒤에 놓여 완료의 의미뿐만 아니라, '~하게 되었다'라는 뜻으로 상태나 감정의 변화, 새로운 상황의 출현 등을 나타낼 수 있습니다.

예 最近我胖了。   나는 요즘 살이 쪘어요.
     Zuìjìn wǒ pàng le.

     我有男朋友了。   나는 남자친구가 생겼어요.
     Wǒ yǒu nán péngyou le.

🔊 14-03

단어

其实 qíshí ㈜ 사실은, 실제는 │ 意中人 yìzhōngrén ⑲ 좋아하는 사람, 마음에 둔 사람

14-06

리리   谁啊? 我也认识吗?
        Shéi a? Wǒ yě rènshi ma?

민희   我不告诉你!
        Wǒ bú gàosu nǐ!

告诉[gàosu]는 '～에게 알려주다'라는 의미로 한 문장 안에 두 개의 목적어를 가지고 있는 단어입니다. 이러한 것을 이중목적어를 취하는 동사라고 표현하는데요, 告诉 외에 问 [wèn], 给[gěi], 送[sòng] 등이 있습니다. 일반적으로 '～에게 ～을 하다'로 해석합니다.

예   我告诉你一个秘密。   당신에게 비밀 하나 알려줄게요.
      Wǒ gàosu nǐ yí ge mìmì.

      我问你一个问题。   당신에게 질문 하나 있어요.
      Wǒ wèn nǐ yí ge wèntí.

      我想送他一本书。   나는 그에게 책 한 권을 선물하고 싶어요.
      Wǒ xiǎng sòng tā yì běn shū.

      * 秘密[mìmì] 비밀   * 问[wèn] ～에게 묻다, 질문하다   * 送[sòng] ～에게 보내다, 선물하다

14-05

단어

认识 rènshi 통 알다 | 告诉 gàosu 통 (～에게) 알려주다

문장 **바꿔보기**

🔊 14-08

1 最近她胖了。
Zuìjìn tā pàng le.

요즘 그녀는 살이 쪘어요.

瘦
shòu

요즘 그녀는 살이 빠졌어요.

漂亮
piàoliang

요즘 그녀는 예뻐졌어요.

苗条
miáotiao

요즘 그녀는 날씬해졌어요.

2 我有男朋友了。
Wǒ yǒu nán péngyou le.

나는 남자친구가 생겼어요.

有女朋友
yǒu nǚ péngyou

나는 여자친구가 생겼어요.

有钱
yǒu qián

나는 돈이 생겼어요.

今年30岁
jīnnián sānshí suì

나는 올해 서른 살이 되었어요.

🔊 14-07

단어

瘦 shòu 형 마르다, 여위다 | 苗条 miáotiao 형 날씬하다

14-09

1

我有男朋友了。
Wǒ yǒu nán péngyou le.

나는 남자친구가 생겼어요.

2

他是我的了。
Tā shì wǒ de le.

그는 나의 것이 되었어요.

3

哇! 春天了。
Wā! Chūntiān le!

와! 봄이 되었어요!

내것으로 **만들기 1**

◆ 녹음을 듣고 보기의 문장과 일치하면 'O', 일치하지 않으면 'X'를 하세요. `14-10`

1 我有女朋友了。   (   )
Wǒ yǒu nǚ péngyou le.

2 我今年二十五岁了。   (   )
Wǒ jīnnián èrshí wǔ suì le.

3 最近她苗条了。   (   )
Zuìjìn tā miáotiao le.

◆ 다음 보기와 그림을 참고하여 중국어로 말해 보세요.

我有 _____ 了。
Wǒ yǒu   le.

女朋友[nǚ péngyou]
여자 친구가 생겼어요.

意中人[yìzhōngrén]
좋아하는 사람이 생겼어요.

钱[qián]
돈이 생겼어요.

1

漂亮	你	我觉得	了	最近
piàoliang	nǐ	wǒ juéde	le	zuìjìn

。

제 생각에는 당신 요즘 예뻐진 것 같아요.

2

了	其实	意中人	我	有
le	qíshí	yìzhōngrén	wǒ	yǒu

。

사실은 저 좋아하는 사람이 생겼어요.

🔊 14-11

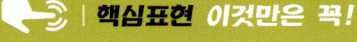

핵심표현 *이것만은 꼭!*

我有男朋友了。　　남자친구가 생겼어요.
Wǒ yǒu nán péngyou le.

15

비 오는 날 카페에서...
(곧 비가 내리려고 해.)

포인트
알아보기

15-01

外面要下雨了。
Wàimian yào xià yǔ le.

바깥에 곧 비가 오려고 해요.

저녁까지 즐거운 시간을 보내고 있는 리리와 민수.
아쉽지만 이제 집에 돌아가야 할 시간이 되었습니다. 그런데! 바깥 날씨가
우중충한 것이, 곧 비가 오려는 것 같은데요, 리리가 혹시 비에 맞아 감기에
걸릴까 봐 민수는 자신의 우산을 리리에게 건넵니다.

15-02

리리 时间已经晚了，我要走了。
Shíjiān yǐjing wǎn le, wǒ yào zǒu le.

시간이 이미 늦었네, 나 가야겠다.

민수 外面要下雨了，你有雨伞吗?
Wàimian yào xià yǔ le, nǐ yǒu yǔsǎn ma?

바깥에 곧 비가 오려고 하는데, 너 우산 있어?

리리 没有啊，怎么办啊!　　　　　　　　　없어, 어떡하지!
Méiyǒu a, zěnme bàn a!

민수 你拿这把伞吧!　　　　　　　　　　　이 우산 가지고 가!
Nǐ ná zhè bǎ sǎn ba!

다음 대화를 큰 소리로 읽어 보세요.

15-04

리리 时间已经晚了，我 要 走 了。
Shíjiān yǐjing wǎn le, wǒ yào zǒu le.

민수 外面 要 下雨 了，你有雨伞吗?
Wàimian yào xià yǔ le, nǐ yǒu yǔsǎn ma?

要~了[yào~le]는 '곧 ~하려고 한다'라는 의미로 동작이나 상황이 임박했음을 나타냅니다. 要 앞에 就[jiù]나 快[kuài] 써서 의미를 강조하기도 합니다.

예 我 要 结婚 了。　　　　　저는 곧 결혼할 거예요.
Wǒ yào jié hūn le.

我 快要 结婚了。　　　　저는 곧 결혼을 하려고 해요.
Wǒ kuàiyào jié hūn le.

下星期我 就要 结婚了。　다음 주에 저는 곧 결혼할 예정이에요.
Xià xīngqī wǒ jiùyào jié hūn le.

* 下星期[xià xīngqī] 다음 주

단어　15-03

晚 wǎn 형 늦다 ｜ 外面 wàimian 명 바깥, 밖(= 外边 wàibian) ｜ 下雨 xià yǔ 동 비가 내리다
雨伞 yǔsǎn 명 우산

15-06

리리 没有啊，怎么办啊！
　　　Méiyǒu a,　zěnme bàn a!

민수 你拿这把伞吧！
　　　Nǐ ná zhè bǎ sǎn ba!

把[bǎ]는 '우산, 칼, 의자, 도끼' 등 손잡이가 있는 사물을 셀 때 사용하는 양사입니다.

예 一把雨伞　　　　　　우산 한 자루
　　yì bǎ yǔsǎn

　　一把刀　　　　　　　칼 한 자루
　　yì bǎ dāo

* 刀[dāo] 칼

15-05

단어

办 bàn 동 하다, 처리하다 ｜ 怎么办 zěnme bàn 어떡하지? 어찌하냐? 어떻게 하지?
拿 ná 동 (손으로)쥐다, 잡다, 가지다 ｜ 把 bǎ 양 자루(칼, 우산, 의자 등 손잡이가 있는 사물을 셈)
伞 sǎn 명 우산(=雨伞 yǔsǎn)

문장 **바꿔보기**

주어진 문형을 이용하여 다양한 표현을 만들어보세요.

🔊 15-08

1 (快)要走了。
Kuàiyào zǒu le.

곧 갈 거예요.

十点
shí diǎn

곧 10시예요.

三十岁
sānshí suì

곧 서른 살이 돼요.

毕业
bì yè

곧 졸업할 거예요.

2 外面要下雨了。
Wàimian yào xià yǔ le.

바깥에 곧 비가 오려고 해요.

老师　　来
Lǎoshī　　lái

선생님이 곧 오실 거예요.

电影　　开始
Diànyǐng　　kāishǐ

영화가 곧 시작하려고 해요.

火车　　出发
Huǒchē　　chūfā

기차가 곧 출발하려고 해요.

🔊 15-07

단어

毕业 bì yè 통 졸업하다 ｜ 开始 kāishǐ 통 시작하다

15-10

1

(快)要十点了。
(Kuài)yào shí diǎn le.

곧 10시예요.

2

嘘! 老师(快)要来了。
Xū!   Lǎoshī(kuài)yào lái le.

쉿! 선생님이 곧 오실 거예요.

3

电影(快)要开始了。
Diànyǐng(kuài)yào kāishǐ le.

영화가 곧 시작하려고 해요.

15-09

단어

嘘 xū 감탄 쉬, 쉿

내것으로 **만들기 1**

◆ 녹음을 듣고 보기의 문장과 일치하면 'O', 일치하지 않으면 'X'를 하세요.   `15-11`

1 我妈妈快要五十岁了。   (   )
Wǒ māma kuàiyào wǔshí suì le.

2 飞机快要起飞了。   (   )
Fēijī kuàiyào qǐfēi le.

3 我妹妹要毕业了。   (   )
Wǒ mèimei yào bì yè le.

◆ 다음 보기와 그림을 참고하여 중국어로 말해 보세요.

要   了。
yào   le.

电影, 　开始
[diànyǐng, kāishǐ]
영화가 곧 시작하려고 해요.

弟弟, 毕业
[dìdi, bì yè]
남동생이 곧 졸업할 거예요.

火车, 　出发
[huǒchē, chūfā]
기차가 곧 출발하려고 해요.

1

要	了	外面	下雨
yào	le	wàimian	xià yǔ

➡ 　　　　　　　　　　　　　　　　　　　　。

바깥에 곧 비가 오려고 해요.

2

拿	这	你	吧	把	伞
ná	zhè	nǐ	ba	bǎ	sǎn

➡ 　　　　　　　　　　　　　　　　　　　　。

당신 이 우산 가져가요.

🔊 15-12

🔊 | **핵심표현** *이것만은 꼭!*

我要走了。　　　　저 곧 갈 거예요.
Wǒ yào zǒu le.

결혼과 관련된 재미있는 표현은?

앞에서 '결혼하다'라는 단어 结婚[jié hūn]을 배웠는데요, 결혼과 관련한 재미있는 표현을 하나 소개할까 해요. 결혼은 두 사람의 결합이기도 하지만, 두 집안의 결합이기도 하죠. 이처럼 남녀간의 혼인관계 있어서 두 집안이 사회적 지위나 경제적 형편이 비슷한 사람끼리 결혼한다는 의미로 부르는 말이 있답니다. 일상회화에서 자주 사용하는 표현인데요, 바로

门当户对   라고 한답니다.
Mén dāng hù duì

여기에서 门과 户는 '문'을 의미하고 当과 对는 대등하다는 의미를 나타내는데요, 원래 门当은 '북을 안고 있는 돌(抱鼓石 bàogǔshí)'을 뜻해서 북소리가 액운을 막는다라는 의미로 중국사람들은 문 앞에 돌을 짝으로 세웠는데, 집주인이 문관의 경우에는 '원형'을, 무관의 경우에는 '사각형'이었다고 해요. 그리고 户对는 남성을 상징하며, 가문이 번창하기를 기원하는 의미로 집주인의 관직의 고하에 따라 2, 4, 6, 8개씩 짝을 지어 두었다라는 뜻에서 유래된 말이랍니다. 이렇게 门当과 户对를 보면, 그 집안의 사회적 지위나 경제적 형편을 알 수 있기 때문에 예부터 门当户对란 말이 혼인할 때 거론되기 시작했죠. 두 집안이 비슷해야 잘 산다는 의미로 오늘날까지 사용하고 있답니다. 만약 두 집안이 차이가 난다면,

门不当户不对
Mén bù dāng hù bú duì

라고 말한답니다.

단어 완벽 마스터!

● 지문을 잘 읽고 빈칸에 알맞은 단어를 쓰세요.

我　　　　介绍　　　　　我女朋友，她叫丽丽。
Wǒ　　　　jièshào　　　　wǒ nǚ péngyou, tā jiào Lìli.

我　　　　她最近工作很忙，她每天早上七点就上班了，
Wǒ　　　　tā zuìjìn gōngzuò hěn máng, tā měitiān zǎoshang qī diǎn jiù shàng bān le,

到晚上十点　　　　下班，一直没有　　　　。
dào wǎnshang shí diǎn　　　　xià bān, yìzhí méiyǒu　　　.

今天是我女朋友的生日，我想给她开一个生日派对。
Jīntiān shì wǒ nǚ péngyou de shēngrì, wǒ xiǎng gěi tā kāi yí ge shēngrì pàiduì.

今天我早上七点就　　　　了，我　　　　做个海带汤，
Jīntiān wǒ zǎoshang qī diǎn jiù　　　　le,　wǒ　　　　zuò ge hǎidàitāng,

　　　　去买东西。我去百货商店买了很漂亮的衣服，
　　　　qù mǎi dōngxi. Wǒ qù bǎihuòshāngdiàn mǎi le hěn piàoliang de yīfu,

也买了一个蛋糕。她　　　　到了，她　　　　不知道，
yě mǎi le yí ge dàngāo. Tā　　　　dào le, tā　　　　bù zhīdào,

我准备了这么多的东西。哈哈…
wǒ zhǔnbèi le zhème duō de dōngxi. Hāhā…

今天我们　　　　吃饭，一边聊天，我女朋友非常高兴。
Jīntiān women　　　　chī fàn, yìbiān liáotiān, wǒ nǚ péngyou fēicháng gāoxìng.

然后	一边	一下	先	来	快要
ránhòu	yìbiān	yíxià	xiān	lái	kuàiyào

才	起床	休息	可能	觉得
cái	qǐ chuáng	xiūxi	kěnéng	juéde

UNIT 01 앉으나 서나 당신 생각
(난 네 생각 중이야.)

■ 내 것으로 만들기 1

一 我正在吃饭。
Wǒ zhèngzài chī fàn.
나는 밥을 먹고 있어요.

二 我正在开会。
Wǒ zhèngzài kāi huì.
나는 회의를 하고 있어요.

三 我正在运动。
Wǒ zhèngzài yùndòng.
나는 운동을 하고 있어요.

四 我正在看电影。
Wǒ zhèngzài kàn diànyǐng.
나는 영화를 보고 있어요.

❶ B ❷ A ❸ D ❹ C

1 A 你在干什么?
Nǐ zài gàn shénme?

B 我正在运动。
Wǒ zhèngzài yùndòng.

2 A 你在干什么?
Nǐ zài gàn shénme?

B 我正在上课。
Wǒ zhèngzài shàng kè.

3 A 你在干什么?
Nǐ zài gàn shénme?

B 我正在开车。
Wǒ zhèngzài kāi chē.

■ 내 것으로 만들기 2

1 你在干什么?
Nǐ zài gàn shénme?

2 我正在喝饮料。
Wǒ zhèngzài hē yǐnliào.

UNIT 02 사랑보단 일이 먼저
(보고서 준비하고 있어.)

■ 내 것으로 만들기 1

一 A 你准备什么呢?
Nǐ zhǔnbèi shénme ne?
당신은 무엇을 준비하고 있어요?

B 我准备吃饭呢。
Wǒ zhǔnbèi chī fàn ne.
저는 식사 준비를 하고 있어요.

二 A 你干什么呢?
Nǐ gàn shénme ne?
당신은 무엇을 하고 있어요?

B 我打篮球呢。
Wǒ dǎ lánqiú ne.
저는 농구를 하고 있어요.

三 A 你干什么呢?
Nǐ gàn shénme ne?
당신은 무엇을 하고 있어요?

B 我逛街呢。
Wǒ guàng jiē ne.
저는 쇼핑을 하고 있어요.

四 A 你学习什么呢?
Nǐ xuéxí shénme ne?
당신은 무엇을 배우고 있어요?

B 我学习汉语呢。
Wǒ xuéxí Hànyǔ ne.
저는 중국어를 배우고 있어요.

① **B** **②** **A** **③** **D** **④** **C**

1 **A** 你干什么呢？
　　Nǐ gàn shénme ne?

　　B 我打篮球呢。
　　Wǒ dǎ lánqiú ne.

2 **A** 你干什么呢？
　　Nǐ gàn shénme ne?

　　B 我学习汉语呢。
　　Wǒ xuéxí Hànyǔ ne.

3 **A** 你干什么呢？
　　Nǐ gàn shénme ne?

　　B 我读小说呢。
　　Wǒ dú xiǎoshuō ne.

■ 내 것으로 만들기 2

1 我们去明洞逛街吧。
　　Wǒmen qù Míngdòng guàng jiē ba.

2 我打篮球呢。
　　Wǒ dǎ lánqiú ne.

UNIT 03 내가 솔로인 이유
（제 생각에는 안 예쁜데요.）

■ 내 것으로 만들기 1

一 **A** 你觉得中国菜怎么样？
　　Nǐ juéde Zhōngguó cài zěnmeyàng?
　　당신이 생각하기에 중국요리는 어떤 것 같아요?

　　B 我觉得中国菜很好吃。
　　Wǒ juéde Zhōngguó cài hěn hǎo chī.
　　제 생각에 중국요리는 아주 맛있는 것 같아요.

二 **A** 你觉得这个人怎么样？
　　Nǐ juéde zhè ge rén zěnmeyàng?
　　당신이 생각하기에 이 사람은 어떤 것 같아요?

　　B 我觉得这个人很帅。
　　Wǒ juéde zhè ge rén hěn shuài.
　　제 생각에 이 사람은 아주 잘 생긴 것 같아요.

三 **A** 你觉得拿铁怎么样？
　　Nǐ juéde nátiě zěnmeyàng?
　　당신이 생각하기에 라떼는 어떤 것 같아요?

　　B 我觉得拿铁真好喝。
　　Wǒ juéde nátiě zhēn hǎo hē.
　　제 생각에 라떼는 정말 맛있는 것 같아요.

四 **A** 你觉得鸟叔(PSY)怎么样？
　　Nǐ juéde Niǎoshū zěnmeyàng?
　　당신이 생각하기에 싸이는 어떤 것 같아요?

　　B 我觉得他很搞笑。
　　Wǒ juéde tā hěn gǎoxiào.
　　제 생각에 그는 매우 웃긴 것 같아요.

① **B** **②** **A** **③** **C** **④** **D**

1 **A** 你觉得他怎么样？
　　Nǐ juéde tā zěnmeyàng?

　　B 我觉得他很帅。
　　Wǒ juéde tā hěn shuài.

2 **A** 你觉得他怎么样？
　　Nǐ juéde tā zěnmeyàng?

　　B 我觉得他很好。
　　Wǒ juéde tā hěn hǎo.

3 **A** 你觉得他怎么样？
　　Nǐ juéde tā zěnmeyàng?

　　B 我觉得他很搞笑。
　　Wǒ juéde tā hěn gǎoxiào.

■ 내 것으로 만들기 2

1 你觉得她怎么样?
Nǐ juéde tā zěnmeyàng?

2 我觉得他很不错。
Wǒ juéde tā hěn bú cuò.

■ 내 것으로 만들기 2

1 我给你打电话吧。
Wǒ gěi nǐ dǎ diànhuà ba.

2 我们来准备吧。
Wǒmen lái zhǔnbèi ba.

UNIT 04 신입사원이란!!
(제가 해 보겠습니다!)

UNIT 05 엘리베이터 안에서~
(잠시만 기다려 주세요!)

■ 내 것으로 만들기 1

一 我给你买吧。
Wǒ gěi nǐ mǎi ba.
제가 당신에게 사줄게요.

二 我给你打吧。
Wǒ gěi nǐ dǎ ba.
제가 당신에게 걸게요.

三 我给你读吧。
Wǒ gěi nǐ dú ba.
제가 당신에게 읽어 줄게요.

四 我给你做吧。
Wǒ gěi nǐ zuò ba.
제가 당신에게 해줄게요.

① O ② X ③ O ④ O

1 我来买吧。
Wǒ lái mǎi ba.

2 我来做吧。
Wǒ lái zuò ba.

3 我来付吧。
Wǒ lái fù ba.

■ 내 것으로 만들기 1

一 停一下。
Tíng yíxià.
잠시 세워 주세요.

二 介绍一下。
Jièshào yíxià.
소개 좀 하세요.

三 打听一下。
Dǎtīng yíxià.
좀 알아보세요.

四 看一下。
Kàn yíxià
한번 보세요.

① O ② X ③ O ④ X

1 修改一下。
Xiūgǎi yíxià.

2 准备一下。
Zhǔnbèi yíxià.

3 介绍一下。
Jièshào yíxià.

내 것으로 만들기 2

1 你看一下你的报告。
Nǐ kàn yíxià nǐ de bàogào.

2 你修改一下。
Nǐ xiūgǎi yíxià.

중국 문화 산책하기

① 码[mǎ]　② 讨[tǎo]　③ 准[zhǔn]

④ 辛[xīn]　⑤ 修[xiū]　⑥ 油[yóu]

⑦ 街[jiē]　⑧ 清[qīng]　⑨ 报[bào]

⑩ 问题[wèntí]　⑪ 打, 话[dǎ, huà]

⑫ 看, 影[kàn, yǐng]

UNIT 06 운동은 음악과 함께!
(음악 들으면서 운동하고 싶어요.)

내 것으로 만들기 1

一 我想一边听音乐, 一边画画儿。
Wǒ xiǎng yìbiān tīng yīnyuè,
yìbiān huà huàr.
나는 음악을 들으면서 그림을 그리고 싶어요.

二 我想一边吃汉堡包, 一边看电影。
Wǒ xiǎng yìbiān chī hànbǎobāo,
yìbiān kàn diànyǐng.
나는 햄버거를 먹으면서 영화를 보고 싶어요.

三 我想一边喝茶, 一边看杂志。
Wǒ xiǎng yìbiān hē chá, yìbiān kàn zázhì.
나는 차를 마시면서 잡지를 보고 싶어요.

四 我想一边唱歌, 一边跳舞。
Wǒ xiǎng yìbiān chàng gē,
yìbiān tiào wǔ.
나는 노래 들으면서 춤을 추고 싶어요.

---

① D　② C　③ B　④ A

1 我想一边喝咖啡, 一边休息。
Wǒ xiǎng yìbiān hē kāfēi, yìbiān xiūxi.

2 我想一边听音乐, 一边看书。
Wǒ xiǎng yìbiān tīng yīnyuè, yìbiān kàn shū.

3 我想一边吃饭, 一边看电视。
Wǒ xiǎng yìbiān chī fàn, yìbiān kàn diànshì.

내 것으로 만들기 2

1 我想一边听音乐, 一边做运动。
Wǒ xiǎng yìbiān tīng yīnyuè, yìbiān zuò
yùndòng.

2 你用我的手机吧。
Nǐ yòng wǒ de shǒujī ba.

UNIT 07 기차 타고 떠나는 여행
(너 도착했어?)

내 것으로 만들기 1

一 A 你买票了吗?
Nǐ mǎi piào le ma?
당신은 표를 샀어요?

B 我已经买了。
Wǒ yǐjing mǎi le.
나는 이미 샀어요.

二 A 你到了吗?
Nǐ dào le ma?
당신은 도착했어요?

B 我已经到了。
Wǒ yǐjing dào le.
나는 이미 도착했어요.

三 A 你吃午饭了吗?
Nǐ chī wǔfàn le ma?
당신은 점심을 먹었어요?

B 我没吃午饭。
Wǒ méi chī wǔfàn.
나는 점심을 먹지 않았어요.

四 A 你结婚了吗?
Nǐ jié hūn le ma?
당신은 결혼을 했어요?

B 我没有结婚。
Wǒ méiyǒu jié hūn.
나는 결혼하지 않았어요.

① X ② X ③ O ④ X

1 我没(有)买火车票。
Wǒ méi(yǒu) mǎi huǒchē piào.

2 我没(有)吃午饭。
Wǒ méi(yǒu) chī wǔfàn.

3 我没(有)懂。
Wǒ méi(yǒu) dǒng

■ 내 것으로 만들기 2

1 你买票了吗?
Nǐ mǎi piào le ma?

2 我没有结婚。
Wǒ méiyǒu jié hūn.

UNIT 08 아버지는 잔소리꾼
(당신 밥은 했어요?)

■ 내 것으로 만들기 1

一 你看电影了没有?
Nǐ kàn diànyǐng le méiyou?
당신은 영화를 봤어요 안 봤어요?

二 你洗衣服了没有?
Nǐ xǐ yīfu le méiyou?
당신은 빨래를 했어요 안 했어요?

三 你买火车票了吗?
Nǐ mǎi huǒchē piào le ma?
당신은 기차표를 샀어요?

① X ② O ③ O

1 你买衣服了吗?
Nǐ mǎi yīfu le ma?

2 你吃早饭了吗?
Nǐ chī zǎofàn le ma?

3 你做饭了没有?
Nǐ zuò fàn le méiyou?

4 你写报告了没有?
Nǐ xiě bàogào le méiyou?

■ 내 것으로 만들기 2

1 你看电影了吗?
Nǐ kàn diànyǐng le ma?

2 你洗衣服了没有?
Nǐ xǐ yīfu le méiyou?

■ 내 것으로 만들기 1

一 我吃面包了。
Wǒ chī miànbāo le.
나는 빵을 먹었어요.

二 我去美国了。
Wǒ qù Měiguó le.
나는 미국에 갔어요.

三 我买衣服了。
Wǒ mǎi yīfu le.
나는 옷을 샀어요.

四 我看新闻了。
Wǒ kàn xīnwén le.
나는 뉴스를 봤어요.

❶ **X** ❷ **X** ❸ **O** ❹ **O**

1 我去了中国的长城。
Wǒ qù le Zhōngguó de Chángchéng.

2 我买了红色的裙子。
Wǒ mǎi le hóngsè de qúnzi.

3 我吃了一个苹果。
Wǒ chī le yíge píngguǒ.

■ 내 것으로 만들기 2

1 我看了今天的新闻。
Wǒ kàn le jīntiān de xīnwén.

2 最近犯罪事件特别多。
Zuìjìn fànzuì shìjiàn tèbié duō.

■ 내 것으로 만들기 1

一 最近工作有点儿多。
Zuìjìn gōngzuò yǒu diǎnr duō.
요새 일이 좀 많아요.

二 减肥有点儿难。
Jiǎnféi yǒu diǎnr nán.
다이어트는 좀 어려워요.

三 现在工作有点儿忙。
Xiànzài gōngzuò yǒu diǎnr máng.
지금 일이 좀 바빠요.

❶ **X** ❷ **O** ❸ **X**

1 身体有点儿累。
Shēntǐ yǒu diǎnr lèi.

2 汉语有点儿难。
Hànyǔ yǒu diǎnr nán.

3 今天有点儿热。
Jīntiān yǒu diǎnr rè.

■ 내 것으로 만들기 2

1 最近工作有点儿多。
Zuìjìn gōngzuò yǒu diǎnr duō.

2 昨天晚上没(有)睡觉。
Zuótiān wǎnshang méi(yǒu) shuì jiào.

중국 문화 산책하기

① 死了[sǐ le]　② 用[yòng]

③ 脸色[liǎnsè]　④ 没有[méiyou]

⑤ 今天[jīntiān]　⑥ 有点儿[yǒu diǎnr]

⑦ 小心[xiǎoxīn]

UNIT 11 아니 벌써!?
(저 벌써 일어났어요.)

■ 내 것으로 만들기 1

一 火车十一点就出发了。
　Huǒchē shíyī diǎn jiù chūfā le.
　기차는 11시에 (벌써) 출발했어요.

二 我们五点就下课了。
　Wǒmen wǔ diǎn jiù xià kè le.
　저희는 5시에 (벌써) 수업이 끝났어요.

三 我六点就起床了。
　Wǒ liù diǎn jiù qǐ chuáng le.
　저는 6시에 (벌써) 일어났어요.

四 飞机十点就起飞了。
　Fēijī shí diǎn jiù qǐfēi le.
　비행기는 10시에 (벌써) 이륙했어요.

① C　② D　③ A　④ B

1 我六点就下班了。
　Wǒ liù diǎn jiù xià bān le.

2 我三点就下课了。
　Wǒ sān diǎn jiù xià kè le.

3 我九点就睡觉了。
　Wǒ jiǔ diǎn jiù shuì jiào le.

■ 내 것으로 만들기 2

1 飞机两点就起飞了。
　Fēijī liǎng diǎn jiù qǐfēi le.

2 我给你做蛋糕。
　Wǒ gěi nǐ zuò dàngāo.

UNIT 12 야근은 의무지만 지각은 죄!
(왜 이제서야 오는 거야?)

■ 내 것으로 만들기 1

一 他早上十点才起床。
　Tā zǎoshang shí diǎn cái qǐ chuáng.
　그는 아침 10시가 되어서야 일어났어요.

二 他早上五点就起床了。
　Tā zǎoshang wǔ diǎn jiù qǐ chuáng le.
　그는 아침 5시에 벌써 일어났어요.

三 他下午三点就下课了。
　Tā xiàwǔ sān diǎn jiù xià kè le.
　그는 오후 3시에 벌써 수업이 끝났어요.

四 他下午六点才下课。
　Tā xiàwǔ liù diǎn cái xià kè.
　그는 오후 6시가 되어서야 수업이 끝났어요.

① X　② X　③ O　④ O

1 我晚上十一点才回家。
　Wǒ wǎnshang shíyī diǎn cái huíjiā.

2 我四十岁才学习汉语。
　Wǒ sìshí suì cái xuéxí Hànyǔ.

3 我晚上九点才吃晚饭。
Wǒ wǎnshang jiǔ diǎn cái chī wǎnfàn.

■ 내 것으로 만들기 2

1 你为什么现在才来?
Nǐ wèishénme xiànzài cái lái?

2 妹妹早上九点才起床。
Mèimei zǎoshang jiǔ diǎn cái qǐ chuáng.

UNIT 13 감기엔 밥이 보약!
(밥부터 먹고 약 먹으렴.)

■ 내 것으로 만들기 1

> 一 我先复习, 然后吃饭。
> Wǒ xiān fùxí, ránhòu chī fàn.
> 저는 먼저 복습하고, 그 다음에 밥을 먹어요.
>
> 二 我先吃汉堡包, 然后吃披萨。
> Wǒ xiān chī hànbǎobāo, ránhòu chī pīsà.
> 저는 먼저 햄버거를 먹고, 그 다음에 파지를 먹어요.
>
> 三 我先运动, 然后休息。
> Wǒ xiān yùndòng, ránhòu xiūxi.
> 저는 먼저 운동하고, 그 다음에 쉬어요.

❶ X ❷ X ❸ O

1 A 你回家干什么?
Nǐ huí jiā gàn shénme?

B 我先运动, 然后吃饭。
Wǒ xiān yùndòng, ránhòu chī fàn.

2 A 你回家干什么?
Nǐ huí jiā gàn shénme?

B 我先吃饭, 然后看电视。
Wǒ xiān chī fàn, ránhòu kàn diànshì.

3 A 你回家干什么?
Nǐ huí jiā gàn shénme?

B 我先休息, 然后洗衣服。
Wǒ xiān xiūxi, ránhòu xǐ yīfu.

■ 내 것으로 만들기 2

1 我可能感冒了。
Wǒ kěnéng gǎnmào le.

2 我先吃饭, 然后复习。
Wǒ xiān chī fàn, ránhòu fùxí.

UNIT 14 누가 민희의 마음을 훔쳤나?
(나 좋아하는 사람 생겼어.)

■ 내 것으로 만들기 1

> 一 我有男朋友了。
> Wǒ yǒu nán péngyou le.
> 나는 남자친구가 생겼어요.
>
> 二 我今天二十五岁了。
> Wǒ jīnnián èrshíwǔ suì le.
> 나는 올해 스물 다섯 살이 되었어요.
>
> 三 最近她胖了。
> Zuìjìn tā pàng le.
> 요즘 그녀는 살이 쪘어요.

❶ X ❷ O ❸ X

1 我有女朋友了。
Wǒ yǒu nǚ péngyou le.

2 我有意中人了。
Wǒ yǒu yìzhōngrén le.

3 我有钱了。
Wǒ yǒu qián le.

■ 내 것으로 만들기 2

1 我觉得你最近漂亮了。
Wǒ juéde nǐ zuìjìn piàoliang le.

2 其实我有意中人了。
Qíshí wǒ yǒu yìzhōngrén le.

UNIT 15 비 오는 날 카페에서…
(곧 비가 내리려고 해.)

■ 내 것으로 만들기 1

> 一 我妈妈快要五十岁了。
> Wǒ māma kuàiyào wǔshí suì le.
> 엄마가 곧 50세가 돼요.
>
> 二 火车快要出发了。
> Huǒchē kuàiyào chūfā le.
> 기차가 곧 출발하려고 해요.
>
> 三 我妹妹要毕业了。
> Wǒ mèimei yào bì yè le.
> 여동생이 곧 졸업할 거예요.

1 〇 **2** X **3** 〇

1 电影要开始了。
Diànyǐng yào kāishǐ le.

2 弟弟要毕业了。
Dìdi yào bì yè le.

3 火车要出发了。
Huǒchē yào chūfā le.

■ 내 것으로 만들기 2

1 外面要下雨了。
Wàimian yào xià yǔ le.

2 你拿这把伞吧!
Nǐ ná zhè bǎ sǎn ba!

중국 문화 산책하기

我来介绍一下我女朋友，她叫丽丽。
我觉得她最近工作很忙，她每天早上七点就上班了，
到晚上十点才下班，一直没有休息。
今天是我女朋友的生日，我想给她开一个生日派对。
今天我早上七点就起床了，我先做个海带汤，
然后去买东西。我去百货商店买了很漂亮的衣服，
也买了一个蛋糕。她快要到了，她可能不知道，
我准备了这么多的东西。哈哈…
今天我们一边吃饭，一边聊天，我女朋友非常高兴。

제 여자친구를 소개 좀 할게요, 그녀는 리리라고 해요.
제 생각에는 그녀는 요즘 바쁜 것 같아요.
그녀는 매일 아침 7시에 출근해서 저녁 10시가 되어서야 퇴근해요.
줄곧 쉬지 못했어요.
오늘은 제 여자친구의 생일이어서
저는 그녀에게 생일파티를 해 주려고 해요.
오늘 저는 아침 7시에 일어나서 먼저 미역국을 끓이고,
그런 다음에 물건을 사러 갔어요.
나는 백화점에 가서 아주 예쁜 옷을 샀고, 또한 케이크를 하나 샀어요.
그녀가 곧 도착하려고 해요. 그녀는 아마 모를 거예요,
제가 이렇게 많은 것을 준비했다라는 것을, 하하…
오늘 우리는 밥을 먹으면서 이야기를 나누었는데,
제 여자친구가 아주 기뻐했어요.

이 까 짓
중 국 어

간체자
쓰기
노트

초급
STEP 1

PAGODA Books

중국어

| 초급 | 간체자 쓰기 노트 |
| STEP 1 | |

PAGODA Books

干
gàn (3획)

마를 건 乾

你在干什么?　Nǐ zài gàn shénme?　당신은 무엇을 하고 있어요?

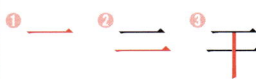

正
zhèng (5획)

바를 정 正

我正在看书。　Wǒ zhèngzài kàn shū.　나는 책을 보고 있어요.

电
diàn (5획)

번개 전 電

电影　diànyǐng　영화

影
yǐng (15획)

그림자 영 影

看电影　kàn diànyǐng　영화를 보다

运
yùn (7획)

운전할 운 **運**

动
dòng (6획)

움직일 동 **動**

运动　yùndòng　운동, 운동하다

① 一　② 二　③ 云　④ 云　⑤ 运　⑥ 运　⑦ 运

运　运

我正在运动。　Wǒ zhèngzài yùndòng.　나는 운동을 하고 있어요.

① 一　② 二　③ 云　④ 云　⑤ 动　⑥ 动

动　动

逛 guàng (10획)

逛街　guàngjiē　윈도우쇼핑을 하다, 거리 구경을 하다

놀 광 逛

街 jiē (12획)

我们去明洞逛街吧!　Wǒmen qù Míngdòng guàngjiē ba.
우리 명동에 쇼핑하러 가자!

거리 가 街

准 zhǔn (10획)

准备　zhǔnbèi　준비하다

평평할 준 準

备 bèi (8획)

你准备什么呢?　Nǐ zhǔnbèi shénme ne?　당신은 무엇을 준비하고 있어요?

갖출 비 備

报
bào (7획)

갚을 보 報

报告　bàogào　보고서, 보고하다

一 丁 扌 护 护 报 报

报　报

告
gào (7획)

고할 고 告

我准备报告呢。　Wǒ zhǔnbèi bàogào ne.　나는 보고서를 준비하고 있어요.

丿 ㇒ 丄 生 告 告 告

告　告

辛
xīn (7획)

매울 신 辛

辛苦　xīnkǔ　고생스럽다, 수고롭다

丶 ㇐ 亠 立 立 辛 辛

辛　辛

苦
kǔ (8획)

괴로울 고 苦

你真辛苦啊!　Nǐ zhēn xīnkǔ a!　당신 정말 고생이 많네요!

一 十 艹 艹 苦 苫 苦 苦

苦　苦

加
jiā (5획)

더할 가 加

加油　*jiāyóu*　힘을 내다, 기운을 내다

❶丁 ❷力 ❸加 ❹加 ❺加

加　加

油
yóu (8획)

기름 유 油

大家加油!　*Dàjiā jiāyóu!*　여러분 힘 내세요!

❶丶 ❷丶 ❸氵 ❹氵 ❺汩 ❻沺 ❼油 ❽油

油　油

读
dú (10획)

읽을 독 讀

读小说　*dú xiǎoshuō*　소설을 읽다

❶丶 ❷讠 ❸讠 ❹讣 ❺读 ❻读 ❼读 ❽读 ❾读 ❿读

读　读

蓝
lán (13획)

쪽 람 藍

篮球　*lánqiú*　농구

❶一 ❷艹 ❸艹 ❹萨 ❺萨 ❻萨 ❼萨 ❽萨 ❾萨 ❿萨 ⓫萨 ⓬蓝 ⓭蓝

蓝　蓝

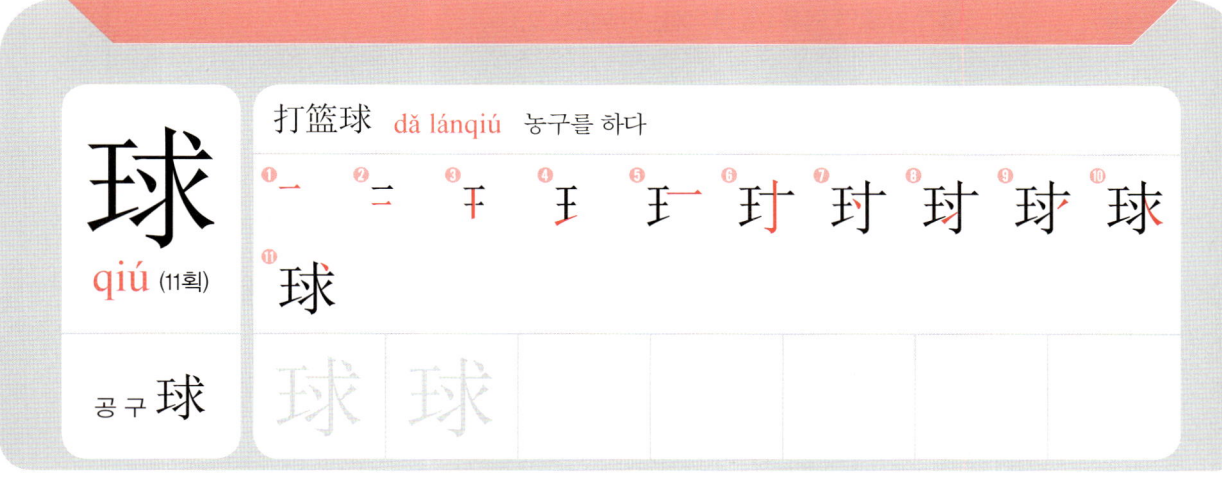

球

qiú (11획)

공 구 球

打篮球　*dǎ lánqiú*　농구를 하다

球　球

觉

jué (9획)

깨달을 각 **覺**

觉得　juéde　~라고 여기다, ~라고 느끼다

❶丶 ❷丶 ❸⺍ ❹⺍ ❺⺍ ❻⺍ ❼⺍ ❽⺍ ❾觉

觉	觉		

胖

pàng (9획)

클 반 **胖**

我觉得她很胖。　Wǒ juéde tā hěn pàng.　제 생각에 그녀는 뚱뚱한 거 같아요.

❶丿 ❷刀 ❸月 ❹月 ❺月 ❻月 ❼胖 ❽胖 ❾胖

胖	胖		

鸟

niǎo (5획)

새 조 **鳥**

鸟叔　Niǎoshū　가수 싸이를 일컫는 말

❶丶 ❷勹 ❸勺 ❹鸟 ❺鸟

鸟	鸟		

叔

shū (8획)

아재비 숙 **叔**

你觉得鸟叔(PSY)怎么样？　Nǐ juéde Niǎoshū zěnmeyàng?
당신이 생각하기에 싸이는 어떤 것 같아요?

❶丨 ❷上 ❸上 ❹扌 ❺才 ❻未 ❼叔 ❽叔

叔	叔		

搞
gǎo (13획)

두드릴 고 搞

搞笑　gǎoxiào　웃기다

一 丁 扌 扩 扩 扩 护 护 护 搞
搞 搞 搞

搞 搞

笑
xiào (10획)

웃을 소 笑

我觉得他很搞笑。　Wǒ juéde tā hěn gǎoxiào.
제 생각에 그는 아주 웃긴 것 같아요.

丿 𠂉 𠂉 𥫗 𥫗 𥫗 笑 竺 竺 笑

笑 笑

清 qīng (11획)
맑을 청 清

清楚　qīngchu　분명하다, 정확하다

① 丶　② 丶　③ 氵　④ 氵　⑤ 氵　⑥ 氵　⑦ 清　⑧ 清　⑨ 清　⑩ 清

⑪ 清

清　清

楚 chǔ(chu) (13획)
회초리 초 楚

我不太清楚。　Wǒ bú tài qīngchu.　저는 잘 모르겠어요.

① 一　② 十　③ 才　④ 木　⑤ 木　⑥ 村　⑦ 材　⑧ 林　⑨ 楚　⑩ 楚

⑪ 楚　⑫ 楚　⑬ 楚

楚　楚

给 gěi (9획)
공급할 급 给

我给你, 你给他吧。　Wǒ gěi nǐ, nǐ gěi tā ba.
내가 당신에게 줄 테니, 당신이 그에게 주세요.

① 纟　② 纟　③ 纟　④ 纠　⑤ 纱　⑥ 给　⑦ 给　⑧ 给　⑨ 给

给　给

打 dǎ (5획)
칠 타 打

打电话　dǎ diànhuà　전화를 걸다

① 一　② 扌　③ 扌　④ 扩　⑤ 打

打　打

话 huà (8획) 말할 화 話	我给他打电话吧。 Wǒ gěi tā dǎ diànhuà ba. 제가 그에게 전화할게요.

付
fù (5획)

줄 부 付

我来付吧。 Wǒ lái fù ba. 제가 계산할게요.

ノ 亻 仁 付 付

付 付

等 děng (12획)

등급 등　等

等一下!　*Děng yíxià!*　잠시 기다려 주세요.

① ② ③ ④ ⑤ ⑥ ⑦ ⑧ ⑨ ⑩ 等
⑪ 等 ⑫ 等

问 wèn (6획)

물을 문　問

问题　*wèntí*　문제

① 丶 ② 丶 ③ 丷 ④ 门 ⑤ 门 ⑥ 问 问

题 tí (15획)

제목 제　題

有问题吗?　*Yǒu wèntí ma?*　무슨 문제가 있나요?

① ② ③ ④ ⑤ ⑥ ⑦ ⑧ ⑨ ⑩ 是
⑪ 是 ⑫ 是 ⑬ 题 ⑭ 题 ⑮ 题

修 xiū (9획)

닦을 수　修

修改　*xiūgǎi*　수정하다, 고치다

① ② ③ ④ ⑤ ⑥ ⑦ ⑧ ⑨ 修

改
gǎi (7획)

고칠 개 改

你修改一下! Nǐ xiūgǎi yíxià! 수정 좀 하세요!

① ㄱ ② コ ③ 己 ④ 己' ⑤ 改' ⑥ 改' ⑦ 改

改 改

写
xiě (5획)

베낄 사 寫

写一下! Xiě yíxià! 한번 써 보세요!

① ' ② 一 ③ 宀 ④ 写 ⑤ 写

写 写

停
tíng (11획)

머무를 정 停

停一下! Tíng yíxià! 잠시 세워 주세요!

① ノ ② 亻 ③ 亻 ④ 广 ⑤ 广 ⑥ 停 ⑦ 停 ⑧ 停 ⑨ 停 ⑩ 停
⑪ 停

停 停

旁
páng (10획)

두루 방 旁

旁听一下! Pángtīng yíxià! 청강 좀 해 보세요!

① 丶 ② 二 ③ 立 ④ 立 ⑤ 产 ⑥ 产 ⑦ 产 ⑧ 空 ⑨ 旁 ⑩ 旁

旁 旁

介

jiè (4획)

끼일 개 介

介绍 　jièshào　소개하다

绍

shào (8획)

이을 소 绍

介绍一下!　Jièshào yíxià.　소개 좀 하세요!

耳
ěr (6획)

귀 이 **耳**

耳机 ěrjī 이어폰

➊ 一 ➋ 厂 ➌ 厅 ➍ 丐 ➎ 耳 ➏ 耳

耳 耳

边
biān (5획)

가 변 **邊**

一边 A 一边 B yìbiān A yìbiān B A하면서 B하다

➊ 丁 ➋ 力 ➌ 力 ➍ 边 ➎ 边

边 边

音
yīn (9획)

소리 음 **音**

音乐 yīnyuè 음악

 ➊ 、 ➋ 亠 ➌ 立 ➍ 立 ➎ 立 ➏ 产 ➐ 音 ➑ 音 ➒ 音

音 音

乐
yuè(lè)
(5획)

풍류 락 **樂**

听音乐 tīng yīnyuè 음악을 듣다

➊ 一 ➋ 匚 ➌ 牙 ➍ 牙 ➎ 乐

乐 乐

用

yòng (5획)

쓸 용 用

你用我的耳机吧。 Nǐ yòng wǒ de ěrjī ba. 제 이어폰을 쓰세요.

跳

tiào (13획)

뛸 도 跳

跳舞 tiào wǔ 춤을 추다

舞

wǔ (14획)

춤출 무 舞

我一边跳舞，一边唱歌。 Wǒ yìbiān tiào wǔ, yìbiān chàng gē.
저는 춤을 추면서 노래를 불러요.

到
dào (8획)

이를 도 **到**

你到了吗? Nǐ dào le ma? 당신 도착했어요?

① 一 ② 云 ③ 云 ④ 云 ⑤ 至 ⑥ 至 ⑦ 到 ⑧ 到

到 | 到

火
huǒ (4획)

불 화 **火**

火车 huǒchē 기차

① 丶 ② 丷 ③ 少 ④ 火

火 | 火

票
piào (11획)

표 표 **票**

火车票 huǒchē piào 기차표

① 一 ② 一 ③ 一 ④ 西 ⑤ 西 ⑥ 西 ⑦ 西 ⑧ 票 ⑨ 票 ⑩ 票
⑪ 票

票 | 票

经
jīng(jing)
(8획)

지날 경 **經**

已经 yǐjing 이미, 벌써

① 乡 ② 乡 ③ 纟 ④ 纟 ⑤ 绉 ⑥ 经 ⑦ 经 ⑧ 经

经 | 经

懂

dǒng (15획)

명백할 동 懂

我已经懂了。 Wǒ yǐjing dǒng le. 저는 이미 이해했어요.

懀 懀 懂 懂 懂

| 懂 | 懂 | | | | |

升

shēng (4획)

되 승 升

升职 shēngzhí 승진하다

一 二 千 升

| 升 | 升 | | | | |

做
zuò (11획)

지을 주 **做**

做饭 zuò fàn 밥을 짓다, 식사준비를 하다

做

洗
xǐ (9획)

씻을 세 **洗**

洗衣服 xǐ yīfu 빨래를 하다

衣
yī (6획)

옷 의 **衣**

衣服 yīfu 옷

服
fu(fú) (8획)

옷 복 **服**

你洗衣服了没有? Nǐ xǐ yīfu le méiyou? 당신 빨래 했어 안 했어?

烦
fán (10획)

괴로워할 번 煩

我烦死了。　Wǒ fán sǐ le.　귀찮아 죽겠어요.

烦　烦

死
sǐ (6획)

죽을 사 死

我饿死了。　Wǒ è sǐ le.　배고파 죽겠어요.

死　死

新
xīn (13획)

새 신 新

新闻　xīnwén　뉴스

①丶 ②ㅗ ③ㅗ ④立 ⑤立 ⑥立 ⑦辛 ⑧辛 ⑨亲 ⑩亲
⑪新 ⑫新 ⑬新

闻
wén (9획)

들을 문 聞

看新闻　kàn xīnwén　뉴스를 보다

①丶 ②丬 ③门 ④门 ⑤闩 ⑥闩 ⑦闻 ⑧闻 ⑨闻

恐
kǒng (10획)

두려울 공 恐

恐怖　kǒngbù　무섭다

①一 ②丁 ③工 ④丑 ⑤巩 ⑥巩 ⑦巩 ⑧恐 ⑨恐 ⑩恐

怖
bù (8획)

두려워할 포 怖

真恐怖!　zhēn kǒngbù!　정말 무서워요!

①丶 ②丷 ③忄 ④忄 ⑤忙 ⑥忙 ⑦怖 ⑧怖

犯

fàn (5획)

범할 범 **犯**

犯罪 *fànzuì* 범죄

罪

zuì (13획)

허물 죄 **罪**

最近犯罪事件特别多。 *Zuìjìn fànzuì shìjiàn tèbié duō.*
요즘 범죄 사건이 너무 많아요.

件

jiàn (6획)

물건 건 **件**

事件 *shìjiàn* 사건

心

xīn (4획)

마음 심 **心**

小心 *xiǎoxīn* 조심하다, 주의하다

红
hóng (6획)

红色 *hóngsè* 빨간색

붉을 홍 **红**

色
sè (6획)

我买了红色的衣服。 *Wǒ mǎi le hóngsè de yīfu.* 저는 빨간 옷을 샀어요.

빛 색 **色**

lǎo (6획)

노인 로 **老**

老公　lǎogōng　남편, 신랑

老

gōng (4획)

공변될 공 **公**

老公, 你怎么了？　Lǎogōng, nǐ zěnme le?　여보, 당신 왜 그래요?

公

liǎn (11획)

눈꺼풀 검 **瞼**

脸色　liǎnsè　안색

脸

shuì (13획)

잘 수 **睡**

睡觉　shuì jiào　잠을 자다

睡

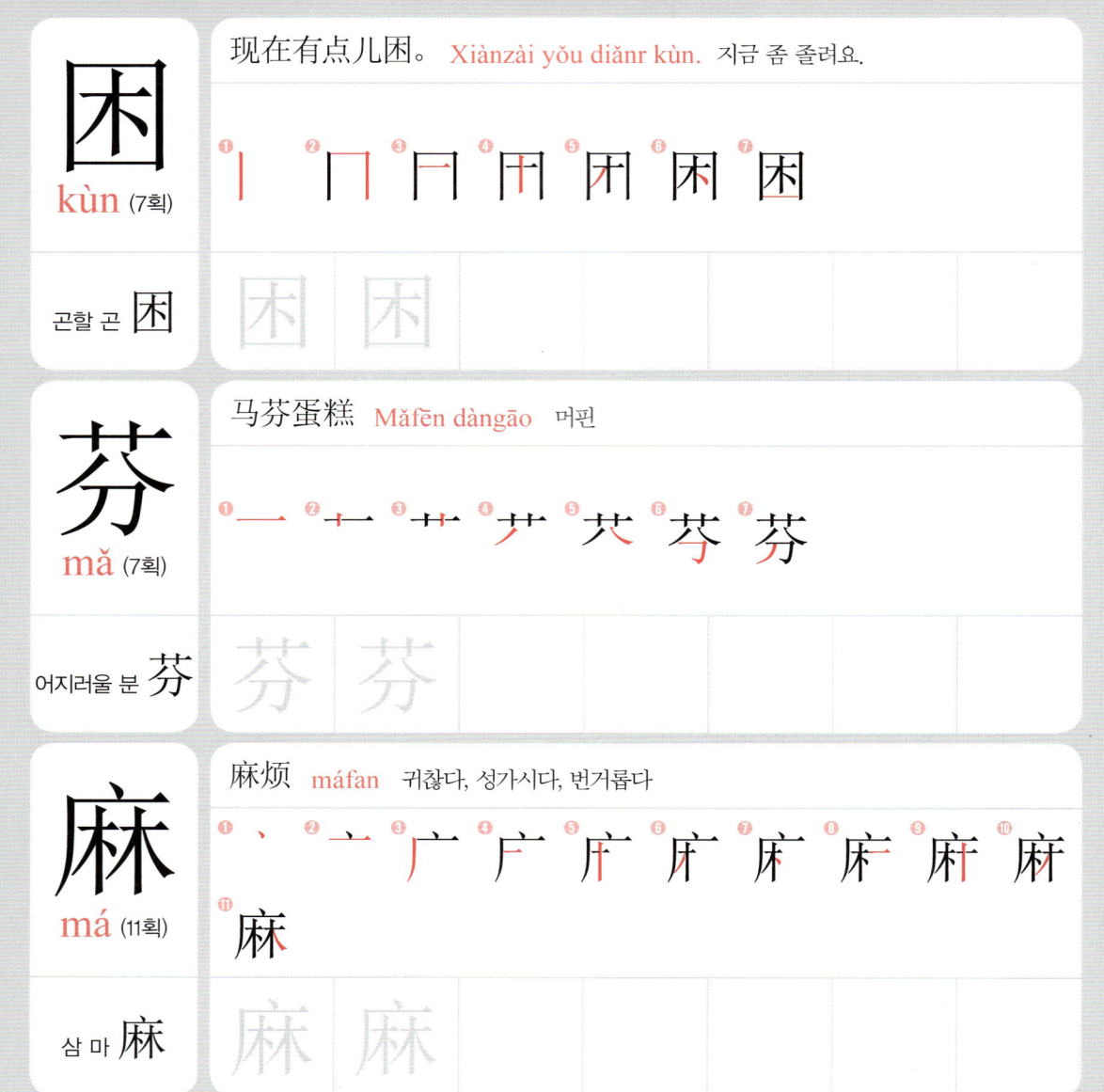

困 kùn (7획)

现在有点儿困。 Xiànzài yǒu diǎnr kùn. 지금 좀 졸려요.

곤할 곤 **困**

芬 mǎ (7획)

马芬蛋糕 Mǎfēn dàngāo 머핀

어지러울 분 **芬**

麻 má (11획)

麻烦 máfan 귀찮다, 성가시다, 번거롭다

삼 마 **麻**

起
qǐ (10획)

일어날 기 起

起床 qǐ chuáng 일어나다, 기상하다

一 十 土 丰 丰 走 走 起 起 起

床
chuáng
(7획)

평상 상 床

我已经起床了。 Wǒ yǐjing qǐ chuáng le. 저는 이미 일어났어요.

、 一 广 广 庄 庄 床

就
jiù (12획)

나아갈 취 就

我五点半就起床了。 Wǒ wǔdiǎn bàn jiù qǐ chuáng le.
저는 다섯 시 반에 (벌써) 일어났어요.

、 一 广 古 古 亨 京 京 京 就

就 就

怎
zěn (9획)

어찌 즘 怎

怎么回事啊? Zěnme huí shì a? 어떻게 된 일이야?

ノ 广 仁 午 乍 乍 怎 怎 怎

海

hǎi (10획)

바다 해 海

海带汤　hǎidàitāng　미역국

、　冫　氵　氵　氵　沪　汇　海　海　海　海

海　海

带

dài (9획)

띠 대 带

做海带汤　zuò hǎidàitāng　미역국을 끓이다

一　十　卄　卅　卅　卅　带　带　带

带　带

汤

tāng (6획)

끓일 탕 湯

我给你做海带汤。　Wǒ gěi nǐ zuò hǎidàitāng.
제가 당신에게 미역국을 끓여드릴게요.

、　冫　氵　汀　汤　汤

汤　汤

班

bān (10획)

나눌 반 班

上班　shàng bān　출근하다

一　二　干　王　王　王　玙　玙　玙　班　班

班　班

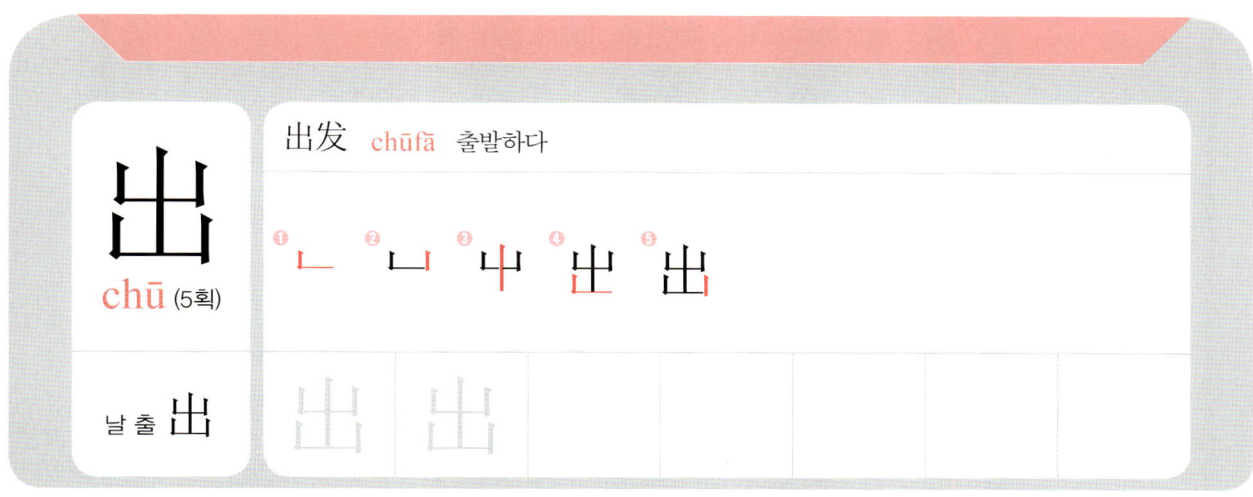

出 chū (5획)

날 출 出

出发 chūfā 출발하다

过
guò (6획)

지날 과 過

过来 guòlai 오다, 건너오다

① 一 ② 寸 ③ 寸 ④ 寸 ⑤ 讨 ⑥ 过

过　过

迟
chí (7획)

더딜 지 遲

迟到 chídào 지각하다

① 一 ② 一 ③ 尸 ④ 尺 ⑤ 尺 ⑥ 迟 ⑦ 迟

迟　迟

抱
bào (8획)

안을 포 抱

抱歉 bàoqiàn 미안해하다

① 一 ② 寸 ③ 扌 ④ 扌 ⑤ 扚 ⑥ 扚 ⑦ 扚 ⑧ 抱

抱　抱

歉
qiàn (14획)

흉년들 겸 歉

真抱歉! Zhēn bàoqiàn! 정말 죄송해요!

① 丶 ② 丷 ③ 业 ④ 业 ⑤ 当 ⑥ 当 ⑦ 羊 ⑧ 羊 ⑨ 兼 ⑩ 兼
⑪ 兼 ⑫ 歉 ⑬ 歉 ⑭ 歉

歉　歉

gǎn (13획)

느낄 감 感

感冒 gǎnmào 감기

❶一 ❷厂 ❸厂 ❹厂 ❺厉 ❻厉 ❼咸 ❽咸 ❾咸 ❿咸
⓫感 ⓬感 ⓭感

感 感

mào (9획)

무릅쓸 모 冒

我感冒了。 Wǒ gǎnmào le. 저 감기에 걸렸어요.

❶冂 ❷冂 ❸冃 ❹冃 ❺冃 ❻冒 ❼冒 ❽冒 ❾冒

冒 冒

yào (9획)

약 약 藥

感冒药 gǎnmào yào 감기약

❶一 ❷艹 ❸艹 ❹艻 ❺艻 ❻药 ❼药 ❽药 ❾药

药 药

shū (12획)

펼 서 舒

舒服 shūfu 편안하다, 가볍다

❶丿 ❷人 ❸人 ❹仝 ❺全 ❻全 ❼舍 ❽舍 ❾舍 ❿舒
⓫舒 ⓬舒

舒 舒

直
zhí (8획)

곧을 직 直

一直　yìzhí　계속, 줄곧

咳
ké (9획)

기침 해 咳

咳嗽　késou　기침하다

嗽
sou(sòu)
(14획)

기침할 수 嗽

我一直咳嗽。　Wǒ yìzhí késou.　저는 계속 기침이 나요.

流
liú (10획)

흐를 류 流

流鼻涕　liú bítì　콧물이 나다

鼻 bí (14획)

코 비 **鼻**

鼻子 bízi 코

① ② ③ ④ ⑤ ⑥ ⑦ ⑧ ⑨ ⑩
⑪ ⑫ ⑬ ⑭

涕 tì (10획)

눈물 체 **涕**

一直咳嗽，流鼻涕。 Yìzhí késou, liú bíti. 계속 기침 나고 콧물이 나요.

① ② ③ ④ ⑤ ⑥ ⑦ ⑧ ⑨ ⑩

能 néng (10획)

능할 능 **能**

可能 kěnéng 아마도, 어쩌면, 아마(~일 것이다)

① ② ③ ④ ⑤ ⑥ ⑦ ⑧ ⑨ ⑩

复 fù (9획)

돌아올 복 **復**

复习 fùxí 복습하다

① ② ③ ④ ⑤ ⑥ ⑦ ⑧ ⑨

33

其
qí (8획)

터 기 **基**

其实 qíshí 사실은, 실제는

①一 ②十 ③卄 ④卄 ⑤甘 ⑥其 ⑦其 ⑧其

其　其

实
shí (8획)

열매 실 **實**

其实我有男朋友了。 Qíshí wǒ yǒu nán péngyou le.
사실은 저에게 남자친구가 생겼어요.

①丶 ②丷 ③宀 ④宀 ⑤宁 ⑥宇 ⑦实 ⑧实

实　实

意
yì (13획)

뜻 의 **意**

意中人 yìzhōngrén 좋아하는 사람, 마음에 둔 사람

①丶 ②丶 ③亠 ④立 ⑤立 ⑥产 ⑦音 ⑧音 ⑨音 ⑩音
⑪音 ⑫意 ⑬意

意　意

认
rèn (4획)

인정할 인 **認**

认识 rènshi 알다

①丶 ②讠 ③认 ④认

认　认

识
shi(shí)
(7획)

알 식 識

我认识他。 *Wǒ rènshi tā.* 나는 그를 알아요.

① 丶 ② 讠 ③ 讠 ④ 识 ⑤ 识 ⑥ 识 ⑦ 识

识 识

告
gào (7획)

고할 고 告

告诉 *gàosu* ~에게 알려주다

① 丿 ② 𠂉 ③ 牛 ④ 牛 ⑤ 告 ⑥ 告 ⑦ 告

告 告

诉
su(sù) (7획)

하소연할 소 訴

我不告诉你! *Wǒ bú gàosu nǐ!* 안 알려줄 거에요!

① 丶 ② 讠 ③ 讠 ④ 讠 ⑤ 诉 ⑥ 诉 ⑦ 诉

诉 诉

瘦
shòu (14획)

파리할 수 瘦

最近她瘦了。 *Zuìjìn tā shòu le.* 요즘 그녀는 살이 빠졌어요.

① 丶 ② 丶 ③ 亠 ④ 广 ⑤ 广 ⑥ 疒 ⑦ 疒 ⑧ 疒 ⑨ 疒 ⑩ 疒 ⑪ 疒 ⑫ 疒 ⑬ 瘦 ⑭ 瘦

瘦 瘦

苗
miáo (8획)

苗条　miáotiao　날씬하다

①一 ②十 ③艹 ④艹 ⑤芒 ⑥芒 ⑦苗 ⑧苗

모 묘 苗

苗　苗

条
tiao(tiáo)
(7획)

最近她苗条了。　Zuìjìn tā miáotiao le.　요즘 그녀는 날씬해 졌어요.

①丿 ②勹 ③夂 ④冬 ⑤条 ⑥条 ⑦条

곁가지 조 條

条　条

晚
wǎn (11획)

저물 만 晚

时间已经晚了。　Shíjiān yǐjing wǎn le.　시간이 이미 늦었어요.

外
wài (5획)

바깥 외 外

外面　wàimian　바깥, 밖

面
mian(miàn) (9획)

낮 면 面

外面要下雨了。　Wàimian yào xià yǔ le.　바깥에 곧 비가 오려고 해요.

雨
yǔ (8획)

비 우 雨

下雨　xià yǔ　비가 내리다

伞
sǎn (6획)

우산 산 **傘**

雨伞　yǔsǎn　우산

办
bàn (4획)

힘쓸 판 **辦**

怎么办啊!　Zěnme bàn a!　어떡해요!

拿
ná (10획)

붙잡을 나 **拿**

你拿这把伞吧!　Nǐ ná zhè bǎ sǎn ba!　이 우산을 가져가요!

把
bǎ (7획)

잡을 파 **把**

一把刀　yì bǎ dāo　칼 한 자루

始
shǐ (8획)

비로소 시 始

开始 kāishǐ 시작하다

始 始

초급

STEP 1

간체자
쓰기 노트

초급
STEP 1

단어장

PAGODA Books

단 어

- 在　　zài　　[부] ～하고 있다, 마침 ～하는 중이다

- 干　　gàn　　[동] 하다

- 正在　zhèngzài　[부] (한창) ～하고 있는 중이다

- 电影　diànyǐng　[명] 영화

- 想　　xiǎng　　[동] 생각하다, 그리워하다 / [조동] ～하고 싶다

- 讨厌　tǎoyàn　[동] 싫어하다, 미워하다

본문

민수 丽丽，你在干什么?
Lìli,　　nǐ zài gàn shénme?

리리야, 뭐 하고 있니?

리리 我正在看电影，你呢?
Wǒ zhèngzài kàn diànyǐng, nǐ ne?

영화 보는 중이야, 너는?

민수 我在想你。
Wǒ zài xiǎng nǐ.

난 네 생각 중이야.

리리 真讨厌!
Zhēn tǎoyàn!

진짜 짜증나!

단 어

- 明洞   Míngdòng   고유 명동

- 逛   guàng   통 거닐다, 돌아다니다, 구경하다

- 逛街   guàng jiē   통 윈도우쇼핑을 하다, 거리 구경을 하다

- 准备   zhǔnbèi   통 준비하다

- 报告   bàogào   명 보고서 / 통 보고하다

- 辛苦   xīnkǔ   형 고생스럽다, 수고롭다

- 加油   jiāyóu   통 힘을 내다, 기운을 내다

본문

리리 我们去明洞逛街吧!
Wǒmen qù Míng dòng guàng jiē ba.
우리 명동에 쇼핑하러 가자!

민수 不好意思，我很忙…
Bù hǎo yìsi,　wǒ hěn máng…
미안한데, 내가 바빠서…

리리 你干什么呢?
Nǐ gàn shénme ne?
뭐하고 있는데?

민수 我准备报告呢。
Wǒ zhǔnbèi bàogào ne.
보고서 준비하고 있어.

리리 你真辛苦啊! 加油!
Nǐ zhēn xīnkǔ a! Jiāyóu!
정말 고생이 많네! 힘 내!

◀ **단 어** ▶

- 觉得 juéde 동 ～라고 여기다, ～라고 느끼다

- 胖 pàng 형 뚱뚱하다

- 那么 nàme 접 그러면, 그렇다면

본 문

커플매니저 我觉得她很不错，您呢?

Wǒ juéde tā hěn bú cuò, nín ne?

제 생각에는 이 여자가 괜찮은 거 같은데, 고객님은요?

백대리 我觉得她很胖。

Wǒ juéde tā hěn pàng.

제 생각에는 뚱뚱한 거 같아요.

커플매니저 那么，这个人呢?

Nàme, zhè ge rén ne?

그러면, 이 사람은요?

백대리 我觉得她不好看。

Wǒ juéde tā bù hǎo kàn.

제 생각에는 예쁘지 않은 거 같아요.

단 어

- 清楚 qīngchu 〔형〕 분명하다, 정확하다

- 给 gěi 〔전〕/〔동〕 ~에게, (~에게)주다

- 打 dǎ 〔동〕 (전화를) 걸다, 때리다

- 电话 diànhuà 〔명〕 전화

- 来 lái 〔동〕 ~을 해보이다, ~해내다

- 号码 hàomǎ 〔명〕 번호

- 幺 yāo 〔수〕 전화번호 혹은 방 번호를 말할 때 숫자 'ㅡ' 대신 쓰이는 글자

- 零 líng 〔명〕 숫자 '0' 제로

본문

이과장 白代理不来吗?
Bái dàilǐ bù lái ma?

백대리는 안 오나?

민수 我也不太清楚，我给他打电话吧!
Wǒ yě bú tài qīngchu, wǒ gěi tā dǎ diànhuà ba!

저도 잘 모르겠습니다,
제가 백대리님에게 전화해 보겠습니다!

이과장 我来打吧。他的手机号码是多少?
Wǒ lái dǎ ba. Tā de shǒujī hàomǎ shì duōshao?

내가 걸도록 하지.
그(백대리)의 휴대폰 번호가 몇 번이지?

민수 010 1122 2580。
Líng yāo líng yāo yāo èr èr èr wǔ bā líng.

010-1122-2580입니다.

단 어

- 一下　yíxià　　동사 뒤에 놓여 '좀 ~해보다'라는 뜻으로 쓰임

- 问题　wèntí　　몡 문제

- 修改　xiūgǎi　　동 수정하다, 고치다

본문

민수 等一下! 谢谢!
Děng yíxià! Xièxie!

좀 기다려 주세요! 감사합니다!

백대리 民秀, 你看一下你的报告!
Mínxiù, nǐ kàn yíxià nǐ de bàogào!

민수씨, 자네 보고서 좀 봐봐!

민수 啊! 有问题吗?
A! Yǒu wèntí ma?

아! 무슨 문제가 있나요?

백대리 对啊! 你修改一下!
Duì a! Nǐ xiūgǎi yíxià!

그래! 수정 좀 해야겠어!

단 어

- 耳机   ěrjī   명 이어폰

- 一边 A 一边 B yìbiān A yìbiān B A하면서 B하다

- 音乐   yīnyuè   명 음악

- 哦   ò   감탄 아!, 오!(납득, 이해, 동의 등을 나타냄)

- 用   yòng   동 사용하다, 쓰다

본문

리리 民秀, 你有耳机吗?
Mínxiù, nǐ yǒu ěrjī ma?

민수야, 너 이어폰 있니?

민수 有啊, 怎么了?
Yǒu a, zěnme le?

있어, 왜?

리리 我想一边听音乐, 一边做运动。
Wǒ xiǎng yìbiān tīng yīnyuè, yìbiān zuò yùndòng.

음악 들으면서 운동하고 싶어서.

민수 哦～, 你用我的耳机吧!
Ò～, nǐ yòng wǒ de ěrjī ba!

아～, 내 이어폰 써!

◀ 단 어 ▶

- 到　　dào　　동 도착하다
- 了　　le　　조 동사 뒤에 쓰여 동작이 완료되었음을 나타냄
- 火车　huǒchē　명 기차
- 票　　piào　　명 표, 티켓
- 已经　yǐjing　부 이미, 벌써

민수 丽丽, 你到了吗?
Lìli, nǐ dào le ma?

리리야, 너 도착했어?

리리 我到了, 你在哪儿?
Wǒ dào le, nǐ zài nǎr?

도착했는데, 너 어디야?

민수 我在这儿! 我们买火车票吧!
Wǒ zài zhèr! Wǒmen mǎi huǒchē piào ba!
나 여기에 있어! 우리 기차표 사자!

리리 我已经买了。
Wǒ yǐjing mǎi le.

내가 이미 샀어.

단 어

- 做饭　　 zuò fàn　동 밥을 짓다, 식사준비를 하다

- 洗衣服　 xǐ yīfu　동 빨래를 하다

- 烦　　　 fán　　형 번거롭다, 귀찮다, 성가시다

- 死了　　 sǐ le　　~해 죽겠다(형용사 뒤에 놓여 정도가 극에
　　　　　　　　　　달했음을 나타냄)

본 문

영철 你做饭了吗?
Nǐ zuò fàn le ma?

당신 밥은 했어?

미자 我正在做呢。
Wǒ zhèngzài zuò ne.

지금 하고 있어요.

영철 你洗衣服了没有?
Nǐ xǐ yīfu le méiyou?

당신 빨래 했어 안 했어?

미자 我已经洗了，烦死了!
Wǒ yǐjing xǐ le, fán sǐ le!

빨래 이미 했어요, 귀찮아 죽겠네!

◀ 단 어 ▶

- 新闻　xīnwén　몡 뉴스

- 恐怖　kǒngbù　혱 무섭다

- 犯罪　fànzuì　몡 범죄

- 事件　shìjiàn　몡 사건

- 小心　xiǎoxīn　혱 조심하다, 주의하다

민수 你看了今天的新闻吗?
Nǐ kàn le jīntiān de xīnwén ma?
너 오늘 뉴스 봤어?

리리 我看了, 真恐怖!
Wǒ kàn le, zhēn kǒngbù!
봤어, 정말 무섭더라!

민수 对啊, 最近犯罪事件特别多。
Duì a, zuìjìn fànzuì shìjiàn tèbié duō.
맞아, 요새 범죄 사건이 너무 많아.

리리 咱们也小心吧!
Zánmen yě xiǎoxīn ba!
우리도 조심하자!

단 어

- 老公　　lǎogōng　　명 남편, 신랑

- 脸色　　liǎnsè　　　명 안색

- 睡觉　　shuì jiào　　동 잠을 자다

- 有点儿　yǒu diǎnr　　부 조금, 약간, 다소

- 困　　　kùn　　　　형 졸리다

- 心事　　xīnshì　　　명 걱정거리, 근심거리

본문

미자 老公, 你怎么了? 脸色不好!
Lǎogōng, nǐ zěnme le? Liǎnsè bù hǎo!
여보, 당신 왜 그래요? 안색이 안 좋아요!

영철 昨天晚上没(有)睡觉,
Zuótiān wǎnshang méi(yǒu) shuì jiào,

现在有点儿困。
xiànzài yǒu diǎnr kùn.
어젯밤에 잠을 못 잤더니, 지금 좀 졸리네.

미자 你有心事吗?
Nǐ yǒu xīnshì ma?
무슨 걱정거리 있어요?

영철 没有, 最近工作有点儿多。
Méi yǒu, zuìjìn gōngzuò yǒu diǎnr duō.
아니, 요새 일이 좀 많아서 그래.

단 어

- 咦   yí   ⟨감⟩ 어, 어이구(놀람을 표시함)

- 起床   qǐ chuáng   ⟨동⟩ 일어나다, 기상하다

- 就   jiù   ⟨부⟩ 벌써(일의 발생이 이름을 강조함), 곧

- 怎么回事 zěnme huí shì 어떻게 된 일이야

- 海带汤 hǎidàitāng   ⟨명⟩ 미역국

미자 咦? 你已经起床了?
Yí? Nǐ yǐjing qǐ chuáng le?

어? 너 벌써 일어났니?

민희 我五点半就起床了。
Wǒ wǔ diǎn bàn jiù qǐ chuáng le.

저 다섯 시 반에 (벌써) 일어났어요.

미자 怎么回事啊?
Zěnme huí shì a?

웬일이야?

민희 今天是你的生日，
Jīntiān shì nǐ de shēngrì,

我给你做海带汤。
wǒ gěi nǐ zuò hǎidàitāng.

오늘 엄마 생일이잖아요,
제가 엄마한테 미역국을 끓여드릴게요.

단 어

- 过　　　guò　　　[동] 지나다, 건너다

- 过来　　guòlai　　[동] 오다, 건너오다

- 迟到　　chídào　　[동] 지각하다

- 才　　　cái　　　　[부] ~에야, ~에야 비로소(일의 발생이 늦음을
　　　　　　　　　　　강조함)

- 出门　　chū mén　[동] 집을 나서다, 외출하다

- 抱歉　　bàoqiàn　[동] 미안해하다(对不起보다 비교적 정중한
　　　　　　　　　　　사과 표현임)

백대리 金民秀, 你过来一下!
Jīn Mínxiù, nǐ guòlai yíxià!

김민수, 자네 이리 좀 와봐!

민수 对不起, 我迟到了。
Duìbuqǐ, wǒ chídào le.

죄송합니다, 제가 늦었습니다.

백대리 你为什么现在才来?
Nǐ wèishénme xiànzài cái lái?

왜 이제서야 오는 거야?

민수 我今天八点才出门, 很抱歉。
Wǒ jīntiān bā diǎn cái chū mén, hěn bàoqiàn.

오늘 여덟 시가 되어서야 집을 나왔어요, 죄송합니다!

단 어

- 感冒　　gǎnmào　　명동 감기, 감기에 걸리다

- 药　　　yào　　　명 약

- 感冒药　gǎnmào yào　명 감기약

- 舒服　　shūfu　　형 편안하다, 가볍다

- 一直　　yìzhí　　부 계속, 줄곧(동작 혹은 상태가 지속됨을
　　　　　　　　　　　　나타냄)

- 咳嗽　　késou　　동 기침하다

- 流　　　liú　　　동 흐르다

- 流鼻涕　liú bítì　　동 콧물이 나다

- 可能　　kěnéng　　부 아마도, 어쩌면, 아마(~일지도 모른다)

민수 妈，有感冒药吗？
Mā, yǒu gǎnmàoyào ma?

엄마, 감기약 있어요?

미자 怎么了？哪儿不舒服？
Zěnme le? Nǎr bù shūfu?

왜? 어디가 불편한데?

민수 一直咳嗽，流鼻涕，我可能感冒了。
Yìzhí késou, liú bítì, wǒ kěnéng gǎnmào le.
계속 기침나고 콧물이 나는 게 감기에 걸린 것 같아요.

미자 你先吃饭，然后吃药吧！
Nǐ xiān chī fàn, ránhòu chī yào ba!

밥부터 먹고 약 먹으렴!

단 어

- 其实　　qíshí　　　　부 사실은, 실제는

- 意中人　yìzhōngrén　명 좋아하는 사람, 마음에 둔 사람

- 认识　　rènshi　　　　동 알다

- 告诉　　gàosu　　　　동 (~에게) 알려주다

본문

리리 我觉得你最近漂亮了!
Wǒ juéde nǐ zuìjìn piàoliang le!
너 요즘 예뻐진 것 같아!

민희 真的吗? 其实我有意中人了。
Zhēn de ma? Qíshí wǒ yǒu yìzhōngrén le.
정말? 사실 나 좋아하는 사람 생겼어.

리리 谁啊? 我也认识吗?
Shéi a? Wǒ yě rènshi ma?
누구야? 나도 아는 사람이야?

민희 我不告诉你!
Wǒ bú gàosu nǐ!

안 가르쳐주지!

단 어

- 晚　　　wǎn　　　형 늦다

- 外面　　wàimian　　명 바깥, 밖(= 外边 wàibian)

- 下雨　　xià yǔ　　　동 비가 내리다

- 雨伞　　yǔsǎn　　　명 우산

- 办　　　bàn　　　동 하다, 처리하다

- 怎么办　zěnme bàn　어떡하지? 어찌하냐? 어떻게 하지?

- 拿　　　ná　　　동 (손으로) 쥐다, 잡다, 가지다

- 把　　　bǎ　　　양 자루(칼, 우산, 의자 등 손잡이가 있는 사물을 셈)

- 伞　　　sǎn　　　명 우산(=雨伞 yǔsǎn)

리리 时间已经晚了，我要走了。
Shíjiān yǐjing wǎn le, wǒ yào zǒu le.
시간이 이미 늦었네, 나 가야겠다.

민수 外面要下雨了，你有雨伞吗?
Wàimian yào xià yǔ le, nǐ yǒu yǔsǎn ma?
바깥에 곧 비가 오려고 하는데, 너 우산 있어?

리리 没有啊，怎么办啊!
Méiyǒu a, zěnme bàn a!
없어, 어떡하지!

민수 你拿这把伞吧!
Nǐ ná zhè bǎ sǎn ba!
이 우산 가지고 가!